Gerhard Hänggi / Petra Kemter

Kompetenz-Navigation

Gerhard Hänggi / Petra Kemter

Kompetenz-Navigation

Praxisorientierte Methoden
zum Persönlichkeits- und Kompetenz-Profiling

DATAKONTEXT

Bibliographische Information der Deutschen Bibliothek
Die Deutsche Bibliothek verzeichnet diese Publikation in der Deutschen Nationalbibliographie; detaillierte bibliographische Daten sind im Internet über http://dnb.ddb.de abrufbar.

ISBN 3-89577-330-1
1. Auflage 2004

Alle Rechte vorbehalten

© 2004 by DATAKONTEXT-FACHVERLAG GmbH
Augustinusstrasse 9d, 50226 Frechen
Tel.: 0 22 34/9 66 10-0
Fax: 0 22 34/9 66 10-9

www.datakontext.com – www.datakontext-press.de
E-Mail: fachverlag@datakontext.com

Dieses Werk einschliesslich aller seiner Teile ist urheberrechtlich geschützt. Jede Verwertung ausserhalb der engen Grenzen des Urheberrechtsgesetzes ist ohne schriftliche Zustimmung des Verlages unzulässig und strafbar. Das gilt insbesondere für Vervielfältigungen, Mikroverfilmungen, Übersetzungen und die Einspeicherung und Verarbeitung in elektronischen Systemen.
Lizenzausgaben sind nach Vereinbarung möglich.

Covergestaltung: Jasmin Henneböhl, DATAKONTEXT, Frechen
Druck: Medienhaus Plump, Rheinbreitbach

Printed in Germany

Kompetenz-Navigation

Vorwort *1*

Einleitung *5*

1. **Die Entstehung von Defiziten in den verschiedenen Entwicklungsperioden des Menschen** 9
   - *Das Phänomen „Defizit" als existenzbestimmender Faktor in unserer Welt*
   - *Wie Instinkte, Triebe, Bedürfnisse und Motive Defizite schaffen können*
   - *Persönlichkeit, die Summe aller angeborenen und erworbenen Kompetenzpotenziale*
   - *Qualifikation als Schlüsselfaktor beruflicher Defizite*
   - *Lage- oder handlungsorientiert: Überwindung selbsteinschränkender Prozesse*

2. **Wahrnehmung und Umgang mit Defiziten im gesellschaftlichen und wirtschaftlichen Umfeld** 41
   - *Grundsätzliches über die Wahrnehmungsfähigkeit*
   - *Erwartungsängste verzerren die Wahrnehmung*
   - *Wahrnehmung als Voraussetzung für das Lernen*
   - *Defizitkategorien im gesellschaftlichen und wirtschaftlichen Umfeld*
   - *Die Zeit und ihre Nutzung auf dem Weg zur Defizitüberwindung*
   - *Der persönliche Navigationsplan zur Erkennung von Defiziten*

3. **Persönliche Entwicklungsperspektiven und Zielkonflikte durch Spannungsfelder zwischen Vorstellung und Wirklichkeit** 65
   - *Karrierephasen als Weg zur Persönlichkeitsentwicklung*
   - *Machtverhältnisse und Machtansprüche erkennen und nutzen*
   - *Konflikt, Frustration und Stress als Blockaden der persönlichen Entwicklung*
   - *Zukunftsorientierte Selbstentwicklung durch Nutzung des Kompetenz-Navigators*

4. **Personal Profiling - die strukturierte Auseinandersetzung mit den eigenen strategischen Kompetenzpotenzialen** 83
   - Rolle von Selbst- und Fremdbild
   - Ziele, Selbstreflexion und Verhalten im motivationalen Prozess
   - Grundüberlegungen für Unternehmen und Individuen
   - Aspekte einer individuellen Groborientierung

5. **Funktionsorientierte Anforderungsprofile und Kompetenzentwicklung als Instrumente zur Stärkung der Kompetenz- und Leistungspotenziale** 109

- Anforderungen und Anforderungsanalysen - Sichtweisen zum Thema Anforderungen unter dem Fokus Kompetenz-Navigation
- Anforderungen, Anforderungsanalysen, Anforderungsprofil
- Verschiedene Aspekte der Einteilung
- Qualitätskriterien an eine psychologische Anforderungsanalyse
- Anforderungsbestimmung und Organisation
- Anforderungen und Individuum

6. **Die Messbarkeit von Kompetenzen und Fähigkeiten durch „klassische" und „elektronische" Verfahren als Orientierungshilfe für Generalisten und Spezialisten** 143

- Vorüberlegungen
- Gespräche im Bereich der Personalauswahl
- Gespräche im Bereich der Personalentwicklung und Zielvereinbarung
- Assessment Center – Orientierungscenter
- Entwicklungslinien der AC-Methode im Überblick
- Strategische Management Simulationen (SMS)/Planspiele
- 360° Feedback/Personalbeurteilung
- Elektronische Tools und neuere Verfahren zu bestimmten Themenfeldern
- Self-Assessment mit und ohne DV-Unterstützung
- Verfahren zu Persönlichkeitstypologien und strukturierende Verfahren

7. **Prozessorientierte Schlüsselkriterien in der Personalen-, Fach-, Methoden- und Sozialkompetenz** 185

- Die Kompetenz-Navigation mit COMPRO+® in der Übersicht
- Prozessorientierte Gliederung der Funktionen
- Anforderungsprofile an Beispielen einer operationellen Funktion, einer operationellen und einer strategischen Führungsfunktion
- Katalog der standardisierten Stellenprofile in 12 Branchen
- Compro+® als idealer Gesprächsleitfaden für Bewerber- und Qualifikationsgespräche

8. **Entwurf von Berufszielen und Kompetenz-Profilen für die persönliche Life-Work-Balance** 215

Quellenverzeichnis 239

Vorwort

Die immer schneller verlaufenden Veränderungen der Arbeitswelt erfordern von Organisationen eine ständige Neuanpassung an eine sich wandelnde Umwelt.

Humankapital erhält einen immer grösser werdenden Stellenwert. Schätzte noch Sloan in seinen Memoiren den Anteil des Humankapitals am Kaufpreis der Adam Opel AG durch General Motors im Jahre 1932 auf 40%, so geht der New Economist 1999 von gegenwärtig 50% Humankapital am Börsenwert moderner Unternehmen aus. Bei Informationsdienstleistern, wie Call- und Communication Center, rechnet man mit 60% Wertanteil durch kompetente und gesunde Mitarbeiter. Es ist deutlich, dass der Gesundheit, der angemessenen Qualifikation und den Kompetenzen der Beschäftigten eine immer grössere Bedeutung zukommt.

Besonders in einer Zeit der Dominanz wissensbasierten Wirtschaftens bedarf es ständiger Kompetenzentwicklung, um die Risiken gesellschaftlicher Ungleichheit kontrollieren zu können. Der angesehene Wirtschaftswissenschaftler Thurow (2004) vom Massachusetts Institute of Technology in den USA betont, dass es darauf ankomme, „dass sich jeder eine Reihe marktfähiger Kenntnisse sowie die Kompetenz aneignet, im Laufe seines Lebens neue Qualifikationen zu erwerben" (S. 304).

Die Entwicklung breit anwendbarer und wissenschaftlich gestützter Methoden zur gezielten Kompetenzentwicklung sind heute von grundlegender Bedeutung.

Gegenwärtig ist eine umfangreiche Forschung auf diesem Gebiet zu verzeichnen.

Die Identifizierung lernförderlicher Arbeitsinhalte und dem entsprechender Kompetenzen (Bergmann et al. 2000), des Zusammenhanges dieser Lernförderlichkeit mit Merkmalen des Gesundheitsverhaltens (Wieland 2004) und deren Beziehung schliesslich zur Entfaltung der dringend benötigten Innovationspotentiale moderner Organisationen bestimmen wesentlich die Forschungsthemen.

Andererseits ist eine deutliche Umsetzungslücke der Anwendung dieser Forschungsergebnisse in der betrieblichen Praxis der Personalentwicklung und -auswahl erkennbar. Die Durchsetzung von Qualitätsstandards gerade auf diesem entscheidendem Gebiet der Humankapital-Entwicklung der Zukunft ist von grosser Bedeutung. Die erst unlängst in Kraft getretene DIN 33430 definiert die erforderlichen Massstäbe und Gütekriterien.

Das hier vorgelegte Buch „Kompetenz-Navigation" zweier auf dem Gebiet der Personalpsychologie erfahrener Fachleute aus der Schweiz und Deutschland versucht den praktisch arbeitenden Kolleginnen und Kollegen Navigation in zweierlei Hinsicht zu vermitteln.

Zum einen gibt es dem interessierten Anwender personalpsychologischer Methoden eine ausgezeichnete Systematik wesentlicher auf dem deutschen Markt befindlicher Verfahren zur Personalauswahl und zur systematischen Personalentwicklung. Damit erreicht das Buch zu einem sehr guten Zeitpunkt die Öffentlichkeit. Im Zuge der Umsetzung der geplanten Gesetzgebungen für moderne Dienstleistungen am Arbeitsmarkt („Hartz-Gesetze") muss sowohl strukturelles Neuland (z.B. Personalservice-Agenturen) bewältigt werden, wie auch des Einsatzes von ökonomischen und gültigen Profiling-Methoden wie auch Case-Management Techniken gelingen. Hierzu vermag das Buch wertvolle Unterstützung zu leisten.

Ich begrüsse es insbesondere, dass breiter Raum in der Darstellung den Methoden der unverzichtbaren Anforderungsanalyse in Form geforderter Aufgaben-, Verhaltens- und Fähigkeitseinschätzungen zur Entwicklung und Auswahl von brauchbaren Verfahren gewidmet und anhand praktischer Fragestellungen der in der Psychologie entwickelte Methodenapparat zur Prüfung der Gütekriterien der Verfahren anschaulich dargestellt wird. Insbesondere Anforderungsanalysen erfreuen sich geringer Beliebtheit, sind jedoch unverzichtbares Gütemerkmal brauchbarer Diagnostikinstrumente. So ist zu hoffen, dass das Buch auch in der Ausbildung von Nichtpsychologen bei der Bewertung von Angeboten zur Personalauswahl und Personalentwicklung hilfreich sein wird.

Zum anderen werden in dem Buch auch die Konstruktionsprinzipien des von den Autoren parallel entwickelten computergestützten Kompetenz-Navigators COMPRO+® dargestellt. Ich halte es für einen Vorzug des Verfahrens, standardisierte Anforderungsprofile jeweils auf der operativen Ebene von Mitarbeitern, auf der operativen Ebene von Führungskräften und schliesslich für deren strategischen Aufgaben entwickelt zu haben.

Den Autoren ist zu wünschen, mit ihrem Buch „Kompetenz-Navigator" einen grossen Kreis von Anwendern aufmerksam zu machen auf die darin dargestellten Neuentwicklungen personalpsychologischer Verfahren, um dadurch ausreichendes Datenmaterial für den anhaltenden Prozess der prognostischen Validierung zu erhalten.

Dresden, im März 2004   Peter Richter

Literatur zum Vorwort

Bergmann, B. Fritsch, A., Göpfert, P., Richter, F. ,Wardanjan, B. & Wilczek, S. (2000):. *Kompetenzentwicklung und Berufsarbeit*. Münster: Waxmann.

Thurow, L. (2004). Die *Zukunft der Weltwirtschaft*. Frankfurt/ New York: Campus.

Wieland, R. (2004). Arbeitsgestaltung, Selbstregulationskompetenz und berufliche Kompetenzentwicklung. In B. Wiese (Hrsg.), *Individuelle Steuerung beruflicher Entwicklung. Kernkompetenzen in der modernen Arbeitswelt*. Frankfurt /New York: Campus.

Einleitung

Der Mensch hat die Welt, in der er lebt, im Laufe des vergangenen Jahrhunderts geradezu dramatisch verändert. Vom totalen Wandel betroffen sind die Lebens- und Arbeitsformen. Viele Erfindungen haben dazu beigetragen, die Lebenserwartung zu verdoppeln, und in manchen Regionen der Welt die Lebensbedingungen zu verbessern. Viele Erfindungen haben aber auch den Menschen im Arbeitsprozess durch Maschinen ersetzt. Selbst bisherige Managementfunktionen werden in naher Zukunft Maschinen übertragen werden können.

Die Erfindungen im Bereich der digitalen Technologien ermöglichen den Menschen über riesige Netzwerke überall auf der Erde Informationen zu empfangen und zu senden, Gedanken und Bilder auszutauschen, Wissen in den verschiedensten Formen abzurufen und sich anzueignen. Die Menschen haben ihre Gesellschaft sukzessive von der Gewerbe- und Industriestruktur in die Informations- und Wissensgesellschaft geführt.

Die mit dieser Entwicklung einhergehende elektronische Datenaufbereitung und -verarbeitung führt in allen Wirtschaftsprozessen zu einer geradezu unglaublichen digitalen Beschleunigung von Informationsbeschaffung und -austausch.

Doch bei allen offensichtlichen und scheinbaren Fortschritten ist der Mensch in mancher Hinsicht selbst Opfer seiner Taten: die Kriege als Mittel falsch verstandener Dominanz beherrschen nach wie vor zahlreiche Regionen unserer Welt und schaffen statt wirtschaftlichen Wohlstand noch grössere Armut; die wirtschaftlich unsichereren Zeiten machen uns krank, der fehlende Optimismus lähmt unsere Wirtschaft und vernichtet Arbeitsplätze. Unter Vorgabe einer Produktivitätssteigerung führen Manager zuweilen auch Massenentlassungen, Restrukturierungen und Fusionen durch, deren Erfolge sich oft doch nicht im erwarteten und angekündigten Rahmen einstellen.

Auf der andern Seite sind dieselben Manager unfähig, Innovationen zur Marktreife zu bringen und durch solche Wertschöpfungsketten echte Kapitalzuwächse und Arbeitsplätze zu schaffen. Erschwerend kommt noch dazu, dass die wenigsten Manager die Kompetenzen ihrer Mitarbeiter ausschöpfen, weil sie diese zu wenig oder gar nicht kennen. Die Kette der ungünstigen Entwicklungen liesse sich noch fortsetzen, was allerdings nicht Ziel der Autoren ist.

Vielmehr geht es darum, interessierten Menschen aller Berufsgattungen eine Orientierungshilfe für die Gestaltung ihres Berufslebens unter den derzeitigen und zukünftigen Wirtschaftsbedingungen an die Hand zu geben. Gleichzeitig sollen die verschiedenen Möglichkeiten der Auslotung von Persönlichkeitsmerkmalen und Kompetenzpotenzialen dargestellt werden.

Unsere jahrelange Erfahrung auf internationaler Ebene im Umgang mit Assessments, Kompetenzprofilierung, Kompetenzentwicklung für Fach- und Führungskräfte sowie Beratungs- und Coachingmandate im Bereich des Human Resource Management hat letztlich dazu beigetragen, dass wir uns an die Entwicklung eines eigenen Kompetenz-Navigators wagten, mit dem es gelingt, prozessorientiertes Kompetenz-Profiling mit Abgleich von Anforderungs-, Selbst- und Fremdeinschätzungsprofilen herzustellen.

Wir sprechen von Kompetenz-Navigation, weil wir im Navigieren nicht nur ein Schiff oder Raumfahrzeug auf den richtigen Kurs bringen oder auf dem richtigen Kurs halten wollen, sondern den Menschen eine Standortbestimmung ermöglichen wollen, mit der sie ihr Berufsleben besser in Griff bekommen.

Erfahrungen haben uns auch gezeigt, dass es nicht immer sinnvoll ist, mit aller Kraft die Schwächen eliminieren zu wollen, sondern die Energie vielmehr dafür einzusetzen, die Stärken noch deutlicher zu nutzen. Angehende und bereits bewährte Führungskräfte werden zunehmend lernen müssen, ihren Widerstand gegen den Wandel aufzugeben und zu Unternehmern zu werden. Durch die weitere Automatisierung von Arbeits- und Führungsprozessen gewinnen sie immer mehr Zeit für kreative Tätigkeiten.

Besonders stolz wären wir, wenn es durch die Kompetenz-Navigation gelänge, aus Mitarbeitern engagierte Fachkräfte mit klarem Kompetenzprofil und aus Managern ebenso engagierte Unternehmer zu machen, die es schaffen, dass ihnen andere Menschen durch ihre Visionen und ihre Kommunikationsfähigkeiten folgen. Sie gestalten durch ihre Kompetenz das Unternehmen als lebensfähiges System und bilden durch die Nutzung des Human Kapitals auch ein unverletzliches Immunsystem.

Wir alle wissen nur zu gut, dass wir in unserer Leistungsgesellschaft nur bestehen können, wenn wir unsere Talente in den Kompetenzkategorien erkennen, aktiv einsetzen und kontinuierlich entwickeln. In diesem Sinne ist das Buch geschrieben.

Ein besonderer Dank gebührt Professor Peter Richter, Dresden, der uns wertvolle Hinweise und Anregungen erteilt hat. Des weiteren danken wir zahlreichen HR-Experten, deren Gedanken, Beobachtungen und Aufzeichnungen zum Thema Kompetenz-Navigation der Publikation die praxisorientierte Ausrichtung verleiht.

Dresden / Basel, im März 2004   Petra Kemter / Gerhard Hänggi

1. Die Entstehung von Defiziten in den verschiedenen Entwicklungsperioden des Menschen

- Das Phänomen „Defizit" als existenzbestimmender Faktor in unserer Welt
- Wie Instinkte, Triebe, Bedürfnisse und Motive Defizite schaffen können
- Persönlichkeit, die Summe aller angeborenen und erworbenen KompetenzPotenziale
- Qualifikation als Schlüsselfaktor beruflicher Defizite
- Lage oder handlungsorientiert: Überwindung selbsteinschränkender Prozesse

Das Phänomen „Defizit" als existenzbestimmender Faktor in unserer Welt

Wahrscheinlich seit Menschengedenken befassen sich Forscher und Wissenschaftler mit der Spezies „Mensch", die nach unserem Kenntnisstand das höchstentwickelte Lebewesen darstellt. Immer wieder wurde versucht, den Menschen auf der Grundlage von Beobachtungen seines Verhaltens in verschiedene Typologien einzuteilen.

Ein Blick aus der Gegenwart in die Vergangenheit zeigt, dass alle Typologien irgendwie eine bestimmte Richtigkeit haben, dass es aber bis heute keine eindeutig zu präferenzierende Typisierung gibt. Offensichtlich ist der Mensch ein zu komplexes und damit auch in sich zu kompliziertes Wesen, als dass man für ihn eine eindeutige Systematik fände. Überdies hat sich der Mensch in den 3 Millionen Jahren seines Erdendaseins von einem ursprünglich fast ausschliesslich instinktiv handelnden zu einem heute instinktiv-kognitiv handelnden Wesen sehr stark verändert. Einer der Gründe, der für diesen Veränderungsprozess verantwortlich ist, ist die massive Zunahme an Hirnmasse. Das Gehirn scheint der neuronale Knotenpunkt aller menschlichen Aktionen und Reaktionen zu sein.

Nach heutigem Stand des Wissens ist der Mensch als einziges Lebewesen in der Lage, über sein Hirn und dessen Zulieferorgane Augen, Ohren, Nase sowie Tastsinn Ereignisse zu speichern und Vorstellungen aus der Gegenwart in die Zukunft zu entwickeln. Diese wunderbare Eigenheit unserer Spezies prägt letztlich den Grossteil unseres Verhaltens gegenüber uns selbst und gegenüber anderen Menschen.

Die Vorstellungskraft wird in unserem digitalen Zeitalter sehr stark von den Medien geprägt, welche die Ereignisse aus aller Welt und Schicksale von Persönlichkeiten des öffentlichen Interesses praktisch „just in time" über den ganzen Globus verbreiten.

Alle Menschen orientieren sich zuerst instinktiv, später kognitiv an „Vorbildern" und versuchen mit ihrer Vorstellungskraft denen nachzueifern, ja wenn möglich diese sogar zu übertreffen.

Grundlage dieses Wettbewerbes war ursprünglich der reine Überlebenskampf im Sinne der Arterhaltung in dieser zum Teil unwirtlichen Welt, die sich der Mensch im Laufe von Jahrmillionen sukzessive untertan gemacht hatte.

Nach einer Periode des täglichen Lebenskampfes gegen die Naturgewalten und bei einer Bevölkerung der Erde von weniger als 500 Millionen Menschen, erweiterte sich bei einer Bevölkerung von über 6 Milliarden Menschen der tägliche Lebenskampf auf die eigenen Artgenossen, mit denen man heute in den verschiedenen Lebensphasen und Rollen im Dauerwettbewerb steht.

Rund 14 Milliarden Nervenzellen steuern den Menschen, das immer noch vielfach unbekannte Wesen. Unser Hirn vermag nicht nur Vorstellungen zu produzieren, sondern ist in gleichem Masse fähig, jederzeit abschätzen zu können, wie weit man von den gesteckten Zielen noch entfernt ist.

Die Abweichung aus der Zielvorstellung und dem Zwischenstand bezeichnet man als Differenz oder Defizit. Selbst der menschliche Körper unterliegt dem Prinzip des Defizitausgleichs. Werden Mängel in der Versorgung des Körpers mit Vitaminen, Spurenelementen, Enzymen u. a. festgestellt, werden solche Störfaktoren über verschiedene Mangeler-scheinungen angezeigt.

Die körperliche oder physische Verfassung des Menschen ist prinzipiell Voraussetzung für die Festlegung einer individuellen Erfolgsstrategie im privaten als auch beruflichen Lebensbereich. Der Aufbau der physischen, psychischen und geistigen Konstitution ist wohl in den ersten 25 Lebensjahren des Menschen die wichtigste Bildungsaufgabe, in die sich Familie, Vorschule, Schule, Hochschule und Vereine teilen.

Sie stellen mit ihren Vorbild- und Bildungsprogrammen sicher, dass sich jeder Mensch im Rahmen seiner individuellen und gesellschaftlichen Möglichkeiten für den Wettbewerb in unseren sehr verschiedenartig strukturierten Gesellschaften vorbereiten und fit halten kann.

Bewusst müssen wir uns sein, dass diese Basisausbildung auf verschiedenen Stufen den Grundstein für den Lebenserfolg der anschliessenden 40 Jahre persönlicher Existenzsicherung bilden muss.

Verschiedene verhaltenwissenschaftliche Ansätze zeigen in aller Deutlichkeit auf, dass das Fitnessprogramm für den Menschen gleich nach seiner Zeugung, also im Mutterleib, beginnt. Hier drängt sich eine erste Frage auf: Warum benachteiligen in unserer Informations- und Wissensgesellschaft noch immer so viele werdenden Mütter ihre heranwachsenden Kinder durch eine unvernünftige, von Alkohol, Zigaretten oder Drogen abhängige Lebensweise?

Diese Fragestellung dient vor allem jenen angehenden Mütter und Väter als Denkanstoss, die für ihre zukünftigen Kinder bereits den ersten Grundstein einer Erfolgsstrategie legen wollen. Der Ursprung allen Seins beginnt zweifellos in der Familie. Mangel an Zuneigung, Fürsorge, Liebe, Zärtlichkeit sowie aufbauender Ernährung wirken sich als bedeutende Defizitpotenziale über alle Lebensphasen verheerend aus. Sie nehmen den Kindern a priori die Chancengleichheit im immer stärker zunehmenden Wettkampf um die Existenz und Werthaltigkeit.

Hatte man früher den Menschen als rezeptives und passives Wesen in einseitiger Abhängigkeit zur Umwelt betrachtet, vertritt man heute die Auffassung[1], dass der Mensch sich die Umwelt aktiv (hypothesen-generierend und -testend) erschliesst.

---

[1] vgl. Groeben/Scheele 1977, Bannister/Fransella 1981

Wir wollen auf den Spuren der Erkenntnisse über uns jetzt versuchen, uns selbst besser kennen zu lernen und zu entdecken, wie wir realistische Erfolgsziele planen und erreichen können.

Wie Instinkte, Triebe, Bedürfnisse und Motive Defizite schaffen können

Das menschliche Verhalten kann nur mit der Entwicklung einer Verhaltenstheorie plausibel beschrieben werden. Dabei müssen Individuum und Umwelt miteinander verknüpft werden, denn die Determinanten des Verhaltens liegen sowohl im Bereich der Umwelt als auch bei der Person. Erste reziproke Beziehungen bilden sich, wie oben erwähnt, zwischen Familie und Kind. In der Verhaltenstheorie werden personale Determinanten[2] z.B. als Instinkt, Trieb, Bedürfnis, Wert, Erwartung, Streben und Druck bezeichnet.

Eine begrifflich eindeutige Abgrenzung wurde bis heute nicht erreicht, zumal es sich bei diesen Begriffen nicht um direkt beobachtbare Grössen handelt. Man spricht deshalb auch von hypothetischen Konstrukten.

Unumstritten ist, dass menschliches Verhalten auf Motive zurück zu führen und auf Ziele orientiert ist. Interessant dabei ist, dass objektiv gleiche Umweltsituationen von Personen unterschiedlich interpretiert werden können, aber unterschiedliche Umweltsituationen von Personen durchaus auch gleich interpretiert werden können.

Diesen Verhaltensweisen liegt das S-O-R Paradigma[3] zugrunde.

S = Stimulus (Reiz) ⟶ O = Organismus ⟶ R = Reaktion

Das Prinzip besagt, dass der Reiz durch Rezeptoren (Augen, Ohren, Haut, Gehirn) wahrgenommen wird und über den Organismus Mensch mit seinen Einstellungen, Werten, Erwartungen, Qualifikationen, Trieben und Motiven verarbeitet wird und bestimmte Reaktionen auslöst.

---

[2] vgl. Weiner 1972, Heckhausen 1980
[3] vgl. E. C. Tolman, B. F. Skinner

Einen weiteren wichtigen Beitrag hat Lewin[4] in seiner Feldtheorie mit der Verhaltensgleichung

> $V = f(P, U)$
> Verhalten = Funktion aus (Person + psychologische Umwelt)

geliefert. Seine Feldtheorie besagt, dass das Verhalten des Menschen in einer bestimmten Situation vom psychologischen Lebensraum abhängt, in dem er sich gerade befindet. Dieser psychologische Lebensraum setzt sich zusammen aus dem gegenwärtigen Zustand (Stimmung, Bedürfnisse, Gefühle etc.) als auch der mehr oder weniger gefestigten Persönlichkeitsstruktur einer Person und der Umwelt, die heute eher als Situation, in der sich eine Person befindet, verstanden wird.

Aus der Verknüpfung des S-O-R Paradigmas mit der Verhaltensgleichung hat Bandura[5] die soziale Lerntheorie entwickelt. In ihr wird neben der Interaktion von Person und Situation auch die Interaktion von Person und Verhalten sowie von Situation und Verhalten berücksichtigt.

Die Reaktionen können je nach Erwartungshaltung bei Zielvergleichen zu feststellbaren Defiziten führen. Wir wollen uns deshalb etwas eingehender mit den Urquellen möglicher Defizite befassen.

Instinkte und Triebe

Bis vor etwa 200 Jahren beherrschte die griechische Philosophie das Denken der westlichen Zivilisation. Das Ziel menschlichen Strebens definierte man im Erreichen von Lustgefühlen und im Vermeiden von Unlust.

J. Bentham[6] sah das Glück der Menschheit im Erreichen der grösstmöglichen Befriedigung aller Bedürfnisse und Interessen.

---

[4] Lewin, Kurt, 1951/1969, Research Center for Group Dynamics am MIT
[5] Bandura, Albert, 1977/1986, Prof. of Psychology, Stanford University, CA
[6] Bentham, Jeremy (1748 - 1832)

McDougall[7] hat eine auf 20 Instinkten basierte Instinkt-Theorie entwickelt, in der ungelernte Instinkte die Wahrnehmungs- und Verarbeitungsprozesse im Menschen steuern.

Mitte des 19. Jh. hat Clark R. Hull[8] seine Trieb- Antriebtheorie in Anlehnung an Darwin entwickelt. Er ging davon aus, dass der Mensch schon von Geburt an über gewisse Reiz-Reaktionsmechanismen zur Steuerung des Bedürfnisstandes verfügt. Demnach wird durch Entbehrung die Stärke der Triebe erhöht und durch Befriedigung verringert.

Praktisch zur gleichen Zeit hatte der Wiener Psychiater Sigmund Freud[9] die Tiefenpsychologie begründet, in der unbewussten Phänomenen grosse Bedeutung geschenkt wird. Freud geht in seiner Theorie von den Urtrieben Selbsterhaltung und Arterhaltung aus.

Brenner[10] korrigierte die Freudsche Theorie insofern, als er einen deutlichen Unterschied zwischen Instinkten und Trieben machte und dem Menschen weit weniger instinktives Handeln zuordnete als Tieren. Bis heute hat sich die Meinung gehalten, dass das menschliche Verhalten nur zu einem sehr geringen Teil durch Instinkte (genetisch beeinflusste Verhaltensmuster) beeinflusst wird.

Anders verhält es sich mit den Trieben, die als genetische, elementare Komponenten der menschlichen Psyche definiert werden. Solche Triebe sind zwar, weil genbedingt, nicht lernbar, lassen sich aber durch die individuelle Erfahrung stark verändern.

Die Instinkt- und Triebtheorien wurden mit dem Aufkommen des Behaviorismus stark kritisiert. Allerdings gewinnen neueste körperliche Instinkt- und Trieberkenntnisse derzeit wieder an Bedeutung[11].

---

[7] McDougall, William, (1871 - 1938), Prof. of Psychology, Harvard University
[8] Clark M. Hull, Principles of Behavior, New York 1943
[9] Freud, Sigmund, (1856 - 1939), Psychiater, Begründer der Psychoanalyse
[10] Brenner Ch., 1972, Grundzüge der Psychoanalyse, 6. Auflage, Frankfurt a. M.
[11] Fernsehproduktion über Instinkte, 2003, erhältlich auf 4 DVDs

Bedürfnisse und Motive

Im Unterschied zu den genbedingten Instinkten und Trieben sind Bedürfnisse und Motive weitgehend gelernt und werden damit auch durch kulturelle Einflüsse geprägt. Holzkamp - Osterkamp[12] spricht auch von primären, genbedingten Trieben, bzw. Bedürfnissen und sekundären, gelernten Bedürfnissen, wobei letztere im Laufe der Entwicklung unserer Gesellschaften, vor allem durch das Streben nach Einkommen, stark betont werden.

Bedürfnisse als physiologische Determinanten, wie etwa Durst oder Hunger, sind als person-interne Reize den Motiven vorgeordnet. Motive sind Wertungsdispositionen von angestrebten Zielzuständen, die sich im Laufe der Entwicklung des Menschen bilden.

Durch Lernprozesse entstehen beim Menschen mit seiner relativ geringen genbedingten Anlage und seiner langen Entwicklungszeit eine grosse Anzahl an Bedürfnissen. Durch Förderung bzw. Unterdrückung bestimmter Bedürfnisse entstehen in Lern- und Sozialisationsprozessen sekundäre Motive wie Status, Machtstreben, Leistungsorientierung, die viel bedeutender als die primären Motive sind.

Motive, die der Mensch aus sich selbst heraus, z.B. durch eine vollbrachte eigene Leistung generiert, bezeichnet man als intrinsische Motive, solche, die er aus Begleitumständen, z.B. Anerkennung, Bezahlung generiert, werden als extrinsische Motive bezeichnet.

Menschliches Verhalten ist also auf Ziele ausgerichtet, die sich letztlich am persönlichen Anspruchsniveau[13] orientieren. Das Erreichen eines Zieles[14] löst ein Erfolgserlebnis aus, das in der Folge ein bestimmtes Anspruchsniveau deutlich erhöhen kann. Wir leben in unserer Zivilisation in einer Leistungsgesellschaft. Die Leistungen in allen Lebensbereichen und auf allen Ebenen werden zum Zielmassstab für die Festlegung eigener Zielwerte genommen.

---

[12] Holzkamp-Osterkamp, Ute, Prof. in Psychologie, FU Berlin
[13] vgl. Heckhausen, Heinz, Prof. in Psychologie, Universität Bochum
[14] vgl. v. Rosenstiel, Lutz, Prof. in Psychologie, Universität München

Das Erfolgserlebnis kann durch den Menschen über die Spaltung des Anspruchsniveaus in der Zielfestlegung mehr oder weniger stark beeinflusst werden. Setzt man ein Ziel bewusst tiefer als möglich wäre an, erreicht man schneller ein Erfolgserlebnis. Auf Dauer vermag aber ein zu tief angelegtes Anspruchsniveau keine Erfolgserlebnisse zu vermit-teln.

Bedürfnisse zu klassifizieren, ist relativ schwierig. Zweckdienlich ist etwa der Bedürfniskatalog von Murray[15], der in alphabetischer Reihenfolge die folgenden subjektive Bedürfnisse enthält:

- Abasement (Unterwerfung)
- Achievement (Leistung)
- Affiliation (soziale Kontakte)
- Aggression (Aggression)
- Autonomy (Autonomie)
- Counteraction (Widerstand)
- Defense (Verteidigung)
- Dominance (Kontrolle)
- Exhibition (Beeindrucken)
- Harm avoidance (Schnerzvermeidung)
- Infavoidance (Vermeiden von Misserfolgen)
- Nurturance (Fürsorge)
- Order (Ordnung)
- Play (Spieltrieb)
- Rejection (Rückzug)
- Sentience (Gefühlsbetonung)
- Sex (Sexualität)
- Succorance (Zuneigungsbedürfnis)
- Understanding (Wissbegierde)

---

[15] Murray, Henry A., Director Harvard Psychological Clinic

Das wohl bekannteste Modell der Klassifizierung von Bedürfnissen stammt von Maslow[16]. Er definiert in seiner Bedürfnispyramide 5 Hauptbedürfnisklassen.

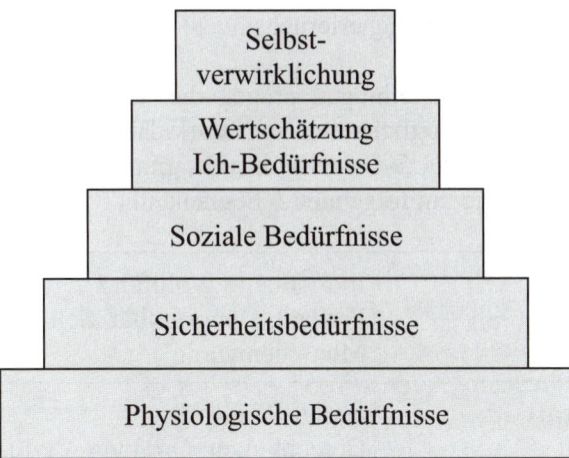

Dabei bezeichnet Maslow die Selbstverwirklichung und Wertschätzung als Wachstums-Motive und die Sozialen-, Sicherheits- und Physiologischen Bedürfnisse als Defizit-Motive. Die Bedürfnispyramide von Maslow ist nicht ohne Kritik geblieben.

Alderfer[17] hat deshalb die Bedürfniskategorien in seiner ERG-Theorie nur noch in drei Klassen unterteilt:

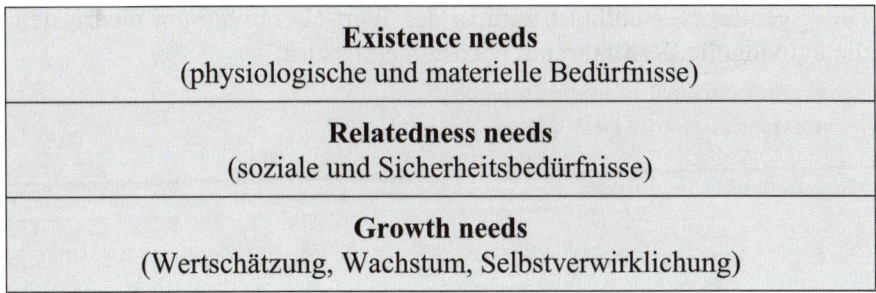

---

[16] Maslow, Abraham H., Prof. of Psychology, Brandeis University, Mass.
[17] Alderfer, Clayton P., Prof. of Organizational Behavior, Yale University

Werte und Einstellungen als Quelle potenzieller Defizite

Im Gegensatz zu Bedürfnissen und Motiven, die sowohl angeboren als auch gelernt sein können, sind Werte und Einstellungen durch formale Erziehung und Ausbildung erlernt.

Wertsystem und Einstellungen prägen die Wahrnehmung der Umwelt und die Handlungsmöglichkeiten sehr stark. Bernthal[18] hat versucht, eine Wertehierarchie der US-Gesellschaft zusammenzustellen. Er definierte die Wertekategorien in folgenden 4 Ebenen:

Individuum	Individuelle Wohlfahrt Freiheit, Opportunität, Selbstverwirklichung, Menschenwürde
Gesellschaft	Soziale Wohlfahrt Gerechtigkeit, Ordnung, Zivilisation, Wohlstand
Wirtschaftssystem	Konsumenten-Wohlfahrt Produktion und Verteilung von Gütern/Dienstleistungen Allokation von Ressourcen
Unternehmung	Eigentümer-Wohlfahrt Gewinn, Überleben, Wachstum

Die Eigentümer-Wohlfahrt wird in der Wert-Hierarchie am niedrigsten, die individuelle Wohlfahrt am höchsten eingestuft.

---

[18] Bernthal, W.F., Value perspectives in management decisions, in: AMJ5/1962, S. 190-196

Inglehart[19] definierte auf der Grundlage der westlichen Industrienationen in den 70er Jahren 12 Wertitems als Indikatoren für materielle und postmaterielle Werte. Er beobachtete bei der Auswertung seiner Beobachtungen und Befragungen, dass es innerhalb einer Gesellschaft einen Trend zum Wertewandel gibt. Besser ausgebildete Menschen haben offensichtlich eine von Menschen mit geringem Bildungsstand erheblich unterschiedliche Werteauffassung.

Die Indikatoren für materielle und postmaterielle Werte definierte Inglehart wie folgt:

Verschönerung der Städte und Landschaften. Schutz des Rechts auf freie Meinungsäußerung. Entwicklung zu einer Gesellschaft, in der Ideen wichtiger sind als Geld.	*Selbstverwirklichung*
Mehr Mitbestimmung am Arbeitsplatz und in der Gemeinde. Mehr Einfluss der Bürger auf die Entscheidungen der Regierung. Entwicklung zu einer freundlichen, weniger unpersönlichen Gesellschaft.	*soziale Bedürfnisse*
Sicherung einer starken Landesverteidigung. Aufrechterhaltung von Ruhe und Ordnung im Lande. Verbrechensbekämpfung.	*Sicherheit*
Erhaltung eines hohen wirtschaftlichen Wachstums. Kampf gegen steigende Preise. Erhaltung einer stabilen Wirtschaft.	*Physiologische Bedürfnisse*

---
[19] Inglehart, Ronald, Prof. Political Science, University of Michigan

Einstellungen sind Gedanken, Gefühle und Handlungsprädispositionen, die auf bestimmte Objekte, Situationen und Personen gerichtet sind, bzw. das menschliche Verhalten beeinflussen. Die Gedanken (kognitive Komponente) umfassen das Wissen, das ein Mensch über ein Objekt, eine Situation oder eine Person hat. Die Gefühle (affektive Komponente) beinhalten die Emotionen (Hass, Ärger, Liebe etc.), die ein Objekt oder eine Person im Individuum auslösen. Die Handlungskomponenten umfassen die Anreizwirkungen, die bei der Wahrnehmung eines Objektes oder einer Person ausgelöst werden.

Einstellungen unterliegen durch verschiedene Einflussfaktoren einem permanenten Wandel. Stärke und Ausmass des Wandels sind nach Triandis[20] von folgenden Einflussfaktoren abhängig:

- Glaubwürdigkeit, Attraktivität und Macht der Informationsquelle
- Stil, Struktur und Inhalt der Information

Einstellungen werden durch Lernprozesse im Zuge langjähriger Erfahrungen gebildet bzw. verändert. Durch den permanenten Lernprozess im Laufe des Lebens verändern sich auch Einstellungen permanent. Vielfach werden Einstellungen fälschlicherweise mit Prinzipien gleich gesetzt.

Es wäre wohl als Zeichen menschlichen Stillstandes zu werten, wenn sich Einstellungen nicht über die Jahrzehnte verändern würden. Unsere Einstellungen zur Mutter-Vater-Rolle in der Familie, zur Rolle und den damit zusammenhängenden Anforderungen von Managern, zur Rolle des Arbeitnehmers, ja selbst zur Rolle der Religionsgemeinschaften, unterliegen einem immer stärkeren Wandel der Einstellungen.

Einstellungen, im Sinne einer gedanklichen Projektion auf bestimmte Ziele, bilden natürlich eine weitere Quelle für Defizite. Besonders gross sind Defizitpotenziale in den Bereichen, für die Menschen sich besonders einsetzen und sich aber eingestehen müssen, dass sie auf dem Weg zur Zieleerreichung nur wenig oder gar nichts erreicht haben.

---

[20] Triandis, Harry Ch., Prof. of Psychology, University of Illinois

Persönlichkeit, die Summe aller angeborenen und erworbenen Kompetenzpotenziale

Zum Begriff „Persönlichkeit" hatte Allport[21] schon vor 65 Jahren über 50 verschiedene Definitionen zusammengetragen. In der Zwischenzeit sind mindestens nochmals so viele dazugekommen. In Zukunft werden weitere das Bild um den Begriff abrunden. Sie lassen sich weitgehend in die folgenden Kategorien eingliedern:

- Psychoanalytische Theorien (Freud, Jung)
- Ich-Theorien (Rogers, Argyris)
- Eigenschafts-Theorien (Allport, Catell)
- Soziale Lerntheorien (Bandura, Mischel)

In der Praxis haben sich bis vor etwa 10 Jahren die einfacher verständlichen Theorien, wie etwa die Persönlichkeits-Typologien durchgesetzt. In der Gegenwart scheinen die Ich- und die sozialen Lern-Theorien stark an Bedeutung zu gewinnen. Eines ist bei der Betrachtung aller Theorien offensichtlich: das Wesen Mensch ist ein enorm vielseitig definierbares Persönlichkeitskonstrukt. Nimmt man den Kreis als Abbildungsform, kann man darin, je nach Betrachtungsseite völlig verschiedene persönlichkeitstypische Merkmale finden. Je nachdem, in welcher Rolle oder Funktionsbereich die Persönlichkeit definiert werden soll, werden andere Merkmalskriterien relevant.

Eine der heute noch gebräuchlichsten Typologien von Hippokrates[22] hat schon viele Jahrhunderte überdauert. Der griechische Arzt teilte die Menschen in 4 persönlichkeitstypische Gruppen ein:

- Sanguiniker (temperamentvolle Menschen)
- Phlegmatiker (träge Menschen)
- Choleriker (reizbare Menschen)
- Melancholiker (schwermütige Menschen)

---

[21] Allport, Gordon W., Prof. of Psychology, Harvard University
[22] Hippokrates, griechischer Arzt

Ebenfalls beliebt ist die Typologie von Sheldon[23], mit welcher der Mensch gemäss seiner äusseren Gestalt in 3 Kategorien eingeteilt werden kann:

- **Endomorph** (korpulenter Mensch)
- **Mesomorph** (athletischer Mensch)
- **Ectomorph** (schmalgebauter Mensch)

Auch die Typologien von Jung[24] und Eysenk[25] gehören zu den Standardtypologien, die als Grundlage für verschiedene Persönlichkeitstests dienen. Beide Theorien gehen davon aus, dass der Mensch über intro- und extrovertierte Charaktereigenschaften verfügt, die in unterschiedlicher Ausprägung vorhanden sind.

Nach der Jung'schen Theorie sind die Menschen in die folgenden 4 Kategorien einteilbar:

Erkennen / Fühlen	Zu dieser Kategorie gehören Menschen, die sich nur darauf verlassen, was sie selbst wahrnehmen und zudem stark personenorientiert sind.
Intuition / Fühlen	Menschen mit langfristiger Zukunftsperspektive
Erkennen / Denken	Menschen, die zu dieser Kategorie gezählt werden, entscheiden auf der Basis von Fakten, die durch logisches Denken verknüpft werden.
Intuition / Denken	Menschen, die als abstrakte Theoretiker langfristige Strategien entwickeln.

---

[23] Sheldon, William H., Prof. of Psychology, Chicago und Harvard University
[24] Jung, Carl Gustav, Arzt und Psychologe, ehem. Schüler Freuds
[25] Eysenk, Hans Jürgen, Prof. of Psychology, Oxford University

Es wird angenommen, dass das menschliche Hirn im Laufe seiner Entwicklung eine Spezialisierung gewisser Funktionen über die linke und rechte Hirnhälfte erfahren hat, so dass in der linken Hemisphäre die Befähigungen zur verbal/analytischen und in der rechten Hemisphäre die zur bildlich/symbolischen Informationsverarbeitung angesiedelt sind.

linke Gehirnhälfte	*rechte Gehirnhälfte*
Sprachliche Fähigkeiten	Non-verbales Verhalten
Logisches Denkvermögen	Synthetisches Denken
Analytisches Denken	Kreativität
Rationalität	Intuition
Intellekt	Emotion

Bislang nahmen die Hirnforscher an, die Wahrnehmung der Aussenwelt werde grösstenteils von der Grosshirnrinde, dem Kortex, gesteuert. Neuste Studien zeigen jedoch, dass archaische Schaltkreise tief im Innern des Hirns permanent und praktisch unbemerkt unsere Sinneseindrücke auswerten und emotional bewerten, etwa wenn wir Angst haben. Über diese Hirnstrukturen gelingt es jetzt vielleicht den Forschern, Aufschluss über unser Unbewusstes zu erhalten.

Das limbische System, als Vermittler zwischen unserem Hirnstamm und den höheren Etagen unseres Denkapparates, bildet eine Art Frühwarnsystem. Seine Aufgabe ist es, unser Handeln mit gespeicherten Erfahrungen in Einklang zu bringen. Bewusstsein ist eingebettet ins Unbewusste, erklärt Gerhard Roth[26].

Vuilleumier hat einen Schaltkreis im limbischen System entdeckt, der Wahrnehmungen eigenständig auswertet, ohne dass dies uns bewusst wird. In einem Experiment konnte er den Nachweis erbringen, dass scharfe Bilder von der Hirnrinde direkt, unscharfe dagegen über den Mandelkern (Amygdala) wahrgenommen werden.

---

[26] Roth, Gerhard, Hirnforscher, Universität Bremen

Im Alltag sind die Situationen allerdings so, dass grobe und feine Daten nicht getrennt wahrgenommen werden, was den Schluss zulässt, dass wir Menschen mit der Amygdala rasch und unbewusst die Lage sondieren und danach mit der Hirnrinde langsamer die Details erkunden.

Hinter dem Begriff des Unbewussten, verbirgt sich ein äusserst kompliziertes Neuronengeflecht, das die Forscher gegenwärtig erst in Einzelheiten zu verstehen beginnen. Die Analysen konzentrieren sich hauptsächlich auf die Entstehung von Gefühlen, die uns plötzlich überfallen können. Eines ist bereits seit einiger Zeit bekannt: Drehscheibe unserer emotionalen Reaktionen ist der Mandelkern. Er ist für das Aussenden des Signales „Angst" verantwortlich. Seiner Funktion verdankt der Mensch einen Grossteil seiner Überlebensfähigkeit. Auf das Phänomen Angst gehen wir nochmals später ein.

Neuste Forschungsergebnisse lassen auch darauf hin deuten, dass der Mensch über lernfähige Gene verfügt, die Matt Ridley[27] zur Aussage bringen, man solle doch die „Alternative" zwischen Genen oder Umwelt durch eine „flexible Wechselbeziehung" zwischen Genen und Umwelt ersetzen.

George Bonanno[28] attestiert zwar, dass der Mensch durch verschiedene Lebensereignisse um seinen Glückszustand gebracht werden kann. Der renommierte Psychotherapeut mit langjähriger Praxiserfahrung glaubt indes, dass das beste Mittel, sich wieder aufzurappeln im Verdrängen der ohnehin nicht mehr änderbaren Situationen läge. Verschweigen, vergessen, verdrängen und Flucht nach vorn könnte nach seiner Erfahrung bei vielen betroffenen Personen den Weg zu neuem Glück besser ebnen. Repression gegen Depression.

Eduard Spranger[29] hat in seinen *Lebensformen* sechs einfache Grundtypen genannt: den theoretischen, ökonomischen, ästhetischen, religiösen, sozialen und politischen Menschen, zu denen noch die drei komplexeren Typen „technischer Mensch", „Rechtsmensch" und „Erzieher" kommen.

---

[27] vgl. Ridley, Matt, Alphabet des Lebens, 2000, Verlag Claassen
[28] Bonanno, George, Professor am Columbia University Teachers College und Psychotherapeut
[29] Spranger, Eduard, Prof., Universität Tübingen

Ein praktisches Beurteilungssystem der Persönlichkeit und deren Seelenfunktionen bildet das System der Konzentration auf die Funktions,- Kultur- und Formalgebiete nach Albert Huth[30]:

Funktionsgebiete

Strukturstufe 1	Wahrnehmen und Wahrnehmungen Auffassung (Aufgabenverständnis) Unterscheiden und Vergleichen Anschauen und Anschauungen
Strukturstufe 2	Vorstellungswelt Gedächtnis Assoziieren Phantasie
Strukturstufe 3	Begriffe und Ideen (Begriffsklarheit) Urteilen Kritisieren Schliessen
Strukturstufe 4	Gefühle Stimmungen Temperamente Affekte
Strukturstufe 5	Triebe Begehren und Begierden Neigungen und Gewohnheiten Leidenschaften und Süchte
Strukturstufe 6	Willensentschluss Vorsätze Handeln Willensstärke

---

[30] Huth, Albert, Honorarprofessor für angewandte Psychologie, Universität München

Kulturgebiet

Interessengebiete	Schulische Interessen Berufliche Interessen Lektüre Freizeitgestaltung
Neigungen	Funktionelle Neigungen Kulturelle Neigungen Formelle Neigungen
Begabungsrichtungen	Religion Politik Wissenschaft Kunst Wirtschaft Soziales Erziehung Sport Handwerk Informatik
Soziales Verhalten	Kraftgefühle Ehrgefühle Selbstgefühle Verhalten gegen Vorgesetzte Verhalten in der Gemeinschaft Umgangsformen Ehrlichkeit und Wahrheitsliebe Verhalten zum anderen Geschlecht Verhalten zu Tieren und Pflanzen
Art der Einstellung	Grundeinstellung zu den Werten Grundeinstellung zu Sachen und Personen Grundeinstellung zu den Aufgaben des Lebens Grundeinstellung zur Innen- und Aussenwelt

Kenntnisse und Fertigkeiten	Schulische Kenntnisse und Fertigkeiten Berufliche Kenntnisse und Fertigkeiten Musische Kenntnisse und Fertigkeiten Lebens- und Sachkenntnisse

Formalgebiete

Art der Aufmerksamkeit	Erregbarkeit der Aufmerksamkeit Umstellbarkeit der Aufmerksamkeit Reichweite der Aufmerksamkeit Konzentration der Aufmerksamkeit Ausdauer der Aufmerksamkeit Schwankungen der Aufmerksamkeit
Arbeitstempo	Schnelligkeit der Arbeit Ablauf der Arbeit
Arbeitsausführung	Sorgfalt Gewissenhaftigkeit Sauberkeit Vorsicht Geduld und Ausdauer Beständigkeit Arbeitsplanung Arbeitsweg
Verhalten bei der Arbeit	Sicherheit Zuversicht Selbständigkeit Arbeitseifer Arbeitswille Übung und Ermüdung Körperlich-seelische Lebenskraft Innere Geschlossenheit

Insgesamt wird demnach eine Persönlichkeit mit diesem System in 84 Haupt-Wesenszügen diagnostiziert.

Die Kompetenzpotenziale und damit auch das Wesen eines Menschen in privaten und beruflichen Bereichen durch möglichst exaktes Beobachten und Analysieren von aussagekräftigen Unterlagen so realistisch wie möglich definieren zu können, ist prinzipiell bei allen Vergleichen von Menschen in verschiedenen Wettbewerbssituationen das wichtigste Ziel. Ein möglichst genaues Bild von einer Person, also ein Persönlichkeits- oder Kompetenzprofil zu erhalten, macht durchaus Sinn.

Jeder Mensch hat die Grundveranlagung zu einer Partnerschaft, aber nicht jeder Partner ist für einen anderen geeignet. Im privaten Bereich ist eine Partnerschaft dann am optimalsten, wenn beide Partner sich gegenseitig ihre Vorstellungen erfüllen und, wenn möglich, nicht dieselben Stärken und Schwächen aufweisen.

Im beruflichen Bereich entsteht eine Partnerschaft zunächst zwischen Unternehmen und Arbeitnehmer, aber auch zwischen Gruppen, Teams oder Projektteams. Auch wenn Unternehmer vielfach die Arbeitnehmer als „mobile Masse" oder „manipulierbare Masse" einstufen, muss gerade an die Adresse derer betont werden, dass diese Einstellung gegen jede Human Resource Philosophie diametral entgegen gesetzt ist.

Unumstössliche Tatsache aus Beobachtungen und Befragungen in den vergangenen 25 Jahren zeigen sehr deutlich, dass Menschen als Arbeitnehmer, gleich in welcher Funktion, im Laufe der beruflichen Tätigkeit eine immer stärkere Identifikation mit dem Unternehmen und seinen Zielsetzungen entwickeln. Mit jedem Jahr weiterer Beschäftigung wächst damit auch die Verantwortung des Unternehmens, alle Strategien darauf auszurichten, dass man durch innovatives Verhalten am Markt soviel Wertschöpfung generieren kann, dass den Arbeitnehmern eine grössere Sicherheit des Arbeitsplatzes in Aussicht gestellt werden kann.

Entlassungen, wie man sie heute vielfach beobachtet, werden oftmals durch Manager verursacht, die entweder den Wandel in unserer Zeit nicht rechtzeitig erkennen und richtig einschätzen können oder eine falsche Strategie gewählt haben. Die Folgen sind absehbar: Mitarbeiter müssen entlassen und vielfach dem Staat als Arbeitslose übergeben werden.

Auch langjährig verdienstvolle Arbeitskräfte mit entsprechend grossen Verbitterungsstörungen sollen jetzt innerhalb weniger Wochen und Monate wieder in die Arbeit zurückgeführt werden! Dass sich bei dieser immer noch zunehmenden Zahl von Arbeitslosen auch Arbeitsunwillige befinden, die sich mit der relativ grosszügigen staatlichen Finanzunterstützung wohl fühlen, darf vom schier unlösbaren Problem nicht ablenken.

An die Adresse der Betroffenen soll aber auch der Appell erfolgen, die neue Lebenssituation auch als Chance zu sehen, sich in einer anderen Umgebung mit neuem Elan zu bewähren und aus einem neuen Engagement auch das persönliche Glück wieder zu finden. Die Abkehr in die Isolation ist mit Sicherheit keine Lösung für ein neues Zusammensein.

Die beste Voraussetzung zu einem optimalen Zusammensein, bildet das seelische Erleben, das gleichzeitig ein Erkennen und Beurteilen eines oder mehrerer Menschen ist. Damit wird natürlich auch der Aspekt angesprochen, dass kein Mensch sich isoliert entwickeln kann.

Jedes Entwicklungsstadium wird von den Menschen in einer Umgebung anderer Menschen durchlaufen. In dieser Umgebung beobachten beide einander: der Mensch die Gruppe, und die Gruppe den Menschen.

Die Beurteilung, die als Wertungsprozess eng mit dem Erkennen zusammenhängt, dient der Reflexion, in welcher Zielvorstellungen beider Seiten gegeneinander verglichen werden. Das gegenseitige Erkennen und Bewerten beeinflusst die Qualität des Zusammenseins in bedeutendem Ausmass.

Auf einen bedeutenden Unterschied muss in diesem Zusammenhang noch eingegangen werden. Die Familie, die Schulklassen und Pflichtverbände, wie etwa das Militär, kann der einzelne Mensch nicht selbst oder nur bedingt selbst auswählen. Die Tätigkeit in einem Unternehmen und die Zugehörigkeit zu einem Freizeit- oder Sportverein kann jedoch selbst gewählt werden.

Insofern sind die Erkennungsprofile anders gelagert: die Familie erwartet von ihren Kindern eine bestimmte Entwicklung zur Reife der Selbständigkeit – also von der Abängigkeit in die Unabhängigkeit.

Die Schule lässt sich insofern selber bestimmen, indem der Schüler bestimmte Zielrichtungen verfolgen kann, die mit einem Schultypus zusammenhängen.

In den Ländern mit obligatorischer Miltärpflicht kann man selbst aufgrund der Fähigkeiten eine bestimmte Truppeneinheit auswählen, vorausgesetzt man erfüllt die jeweiligen Mindestkriterien.

Den Sport- oder Freizeiverein kann man dagegen vollständig frei nach seinen Neigungen und Fähigkeiten wählen.

Ein Unternehmen benötigt in einer bestimmten Organisationseinheit einen zusätzlichen Mitarbeiter mit ganz spezifischen Fähigkeiten und Fertigkeiten. Diese werden vielfach in einem Anforderungsprofil zusammengefasst.

Das ==Anforderungsprofil enthält die Kompetenzkriterien, die im direkten Zusammenhang mit einer Funktion und der darin zu lösenden Prozesse stehen.== Die Schlüsselkriterien eines Anforderungsprofils werden meistens in Stellenausschreibungen aufgeführt. Damit soll erreicht werden, dass sich möglichst nur Interessenten melden, die von sich belegen können, dass sie diesen Grundanforderungen entsprechen können.

Der persönliche Vergleich zwischen den formulierten Anforderungskriterien einer Stelle und denjenigen des eigenen Personenprofils nennt man Abgleich oder Matching. Der Unterschied zwischen den Anforderungen und den persönlichen Kompetenzen bilden die Defizite, auf deren Struktur im Kapitel 2 noch näher eingegangen wird. Eine andere Betrachtungsweise ist die der Merkmale einer reifen bzw. unreifen Person. Argyris[31] beschreibt den Entwicklungsprozess einer reifen und unreifen erwachsenen Person in 8 Dimensionen.

Unreife Person	Reife Person
Passivität	Aktivität
Abhängigkeit	Unabhängigkeit
wenige Verhaltensalternativen	viele Verhaltensalternativen
oberflächliche Interessen	tiefergehende Interessen
kurze Zeitperspektive	lange Zeitperspektive
Unterordnung	Gleich- oder Überordnung
fehlende Selbsterkenntnis	vorhandene Selbsterkenntnis
Fremdkontrolle	Selbstkontrolle

Argyris führt dazu auch aus, dass sich der Mensch in verschiedenen Lebensphasen in ganz verschiedenen Zuständen innerhalb der Charakteristika befinden kann.

Menschen in inneren Notlagen ändern die Charakteristika so, dass ihnen durch ihr Verhalten der geringfügigste Schaden widerfahren kann. Der Autor hatte in mehrjährigen Beobachtungen immer wieder Menschen auf ihrem Berufsweg begleitet, die in patriarchalisch strukturierten Organisationen aus ursprünglichen Charakteristika der Reife in die Unreife geflüchtet sind, nur um ihren Job zu retten.

---

[31] Argyris, Chris, Prof. of Psychology, Yale University

Besonders markant war der Wechsel in folgenden Dimensionen:

Aus	In
Aktivität	Passivität
Unabhängigkeit	Abhängigkeit
Gleich- oder Überordnung	Unterordnung
Selbstkontrolle	Fremdkontrolle

In einigen krasseren Fällen hat der Autor eine Mitarbeitergruppe angetroffen, die sich selbst aufgegeben und nur noch nach dem Diktat ihres Bosses gehandelt hat. Dass solche Unternehmen durch den Verlust ihrer Eigendynamik nicht mehr existenzfähig waren, dürfte jedermann einleuchten.

Zum Glück gibt es auch gute Gegenbeispiele. Ein Unternehmen hat im Führungskollektiv entschieden, aus der Verwaltermentalität heraus zu wachsen und den Weg in die Dynamik zu beschreiten. Gerade noch rechtzeitig die Kurve genommen, scheint es, denn dank einer intensiveren Förderung der Dynamik durch mehr Aktivität und Selbstverantwortung haben sich die Geschäftsergebnisse sprunghaft gebessert.

Natürlich mussten auch einige Mitarbeiter ihr Verhalten ziemlich umfassend ändern. Die Kundenorientierung steht heute im Mittelpunkt aller Tätigkeiten, selbst derer im klassischen Back office. Das Unternehmen zählt heute zu den führenden Dienstleistern in seiner Branche und verkörpert neben hoher Dynamik auch Zuverlässigkeit und Professionalität im Metier.

Mitarbeitern, die bei der Umstellung Schwierigkeiten hatten, wurde in internen und externen Seminaren geholfen, den richtigen Weg zu finden. Nur gerade 6 Mitarbeiter der Belegschaft von über 150 Personen, mussten sich nach 9 Monaten des Change Managements um eine andere Stelle bemühen, wobei man ihnen bei der Neuplatzierung behilflich war.

Viele Human Resource Manager können durch die Ergründung der Reife-Unreife-Dimensionen ihrer Mitarbeiter und entsprechend konzipierten Seminaren einen sinnvollen Beitrag an den Reifeprozess einzelner und ganzer Gruppen leisten.

Den Human Resource Managern steht noch eine weitere, interessante Struktur von Menschenbildern zur Verfügung. Schein[32], dessen Typologie von Menschenbildern sehr weit verbreitet ist, unterscheidet 4 Gruppen:

1. rational-economic man   durch monetäre Anreize motiviert, passiv und von der Organisation manipulierbar, motiviert und kontrolliert, handelt rational
2. social man   durch soziale Bedürfnisse motiviert, als Folge der Sinnentleerung in der Arbeit, wird Ersatzbefriedigung in sozialen Belangen gesucht, wird stärker durch soziale Normen in seiner Arbeitsgruppe gelenkt
3. self-actualizing man   menschliche Bedürfnisse lassen sich in einer Hierarchie anordnen, Autonomiestreben werden genauso bevorzugt wie Selbst-Motivation und Selbst-Kontrolle, kein zwingender Konflikt zwischen Selbstverwirklichung und organisatorischen Zielen
4. complex man   äusserst wandlungsfähig, die Dringlichkeit der Bedürfnisse unterliegt stetem Wandel, der Mensch ist lernfähig, erwirbt neue Motive, in unterschiedlichen Systemen werden unterschiedliche Motive bedeutsam

Nach Schein ist der complex man der Ideal-Typus für unsere moderne Industriegesellschaft. Weinert und andere kritisierten immer wieder, dass Typologien gedankliche Konstrukte wären, ohne praktisch-empirischen Hintergrund.

Weinert[33] hat selbst aufgrund einer Befragung von 293 Führungskräften aus Textilbetrieben eine Taxonomie der Theorien von Vorgesetzten über die Natur des arbeitenden Menschen publiziert.

---

[32] Schein, Edgar H., Prof. Organizational Psychology and Management, MIT
[33] Weinert, A. B., Organisationspsychologie – ein Lehrbuch, 1998,

Mit der Faktorenanalyse kam Weinert auf 12 Dimensionen:

1	Der Mensch als passives und unselbständiges Wesen
2	Der Mensch als mechanisches Instrument
3	Der nach Selbstvervollkommnung strebende Mensch
4	Der Mensch als soziales Individuum
5	Der von der Arbeitssituation bestimmte Mensch
6	Der Mensch als optimaler Entscheider
7	Der Mensch als begrenzter Entscheider
8	Der Mensch als Teil sozialer Gruppen
9	Der nach Führung suchende Mensch
10	Der träge, ambitionslose Mensch
11	Der Mensch als Träger unterschiedlicher Motive
12	Der von innen gelenkte Mensch

Aus der Gruppierung der Menschenbilder mit positiven Tendenzen (3, 4, 6, 8, 12) und solchen mit negativen Tendenzen (1, 2, 5, 7, 9, 10), 11 war neutral, schloss Weinert, dass es sich um zwei gleichwertige, aber gegensätzliche Gruppen handelt.

Die Auseinandersetzung mit diesen verschiedenen Typologien hat ihren Sinn darin, dem Leser zu zeigen, nach welchen Grundlagen der Mensch in der heutigen Gesellschaft eingeschätzt werden kann. Gleichzeitig dienen zahlreiche Anmerkungen als Hilfe bei der Suche der persönlichen Ausrichtung.

Die kognitive und soziale Lernfähigkeit des Menschen ermöglichen bedeutende Verhaltensänderungen in allen Lebensabschnitten eines Individuums. Wer den Willen hat, in unserer Gesellschaft aktiv mitzuwirken und mitzugestalten, hat auch die Möglichkeit, sich die erwünschten Anforderungen anzueignen. Unsichere Zeiten, in denen Krisen häufiger anfallen, verändern auch die Kompetenzprofile der Individuen. Deshalb gibt es für keine Dekade eine allein gültige Profilierung. Das Profil eines „Schönwetter-Managers" und eines „Krisen-Managers" trennen Welten – und dennoch braucht es zu gegebener Zeit beide.

Qualifikation als Schlüsselfaktor beruflicher Defizite

Unter Qualifikation einer Person versteht man die beruflich ausgerichtete Gesamtheit individueller Fähigkeiten, Fertigkeiten und Kenntnisse, die zur Erledigung von Arbeitsprozessen befähigen.

Unter Fähigkeiten könnte man alle die Eigenschaften subsummieren, die jemanden in die Lage versetzen, in allen Situationen kompetent zu handeln.

Fertigkeiten stellen durch Übung entstandene Potenziale dar, die durch geeignete Trainings und Lernen am Arbeitsplatz (on the job trainings) perfektioniert werden können.

Kenntnisse schliesslich sind durch Aneignen von Wissen über das Individuum, seine Umwelt und deren Beherrschung durch Einsatz von Technik erworben.

Die Kombination aus Fähigkeiten, Fertigkeiten und Kenntnissen stellt das Kompetenzpotenzial eines Menschen dar. Im Kompetenzprofil enthalten sind sowohl extrafunktionale, prozessunabhängige Qualifikationen als auch Berufsqualifikationen.

Für eine Analyse der Qualifikation mit ausreichender Differenzierung untergliedert man die Fach-, Methoden- und Sozialkompetenzen in tätigkeits- und personenorientierte Kriterien.

Lawler[34] hat in Experimenten herausgefunden, dass die Motivation dann steigt, wenn man einer Person Aufgaben zuordnet, die den Einsatz der von ihr beherrschten Fähigkeiten fordern.

Aus dieser Erkenntnis lässt sich ableiten, dass sich Menschen unterfordert fühlen, wenn sie Aufgaben zugewiesen erhalten, die ihrem Fähigkeitspotenzial kaum gerecht werden. Andererseits fühlen sie sich überfordert, wenn die Aufgaben nicht mit ihren Fähigkeitspotenzialen zufriedenstellend gelöst werden können.

---

[34] Lawler, Edward E., Prof. Organizational Behavior, University of Southern California

Lage- oder handlungsorientiert: Überwindung selbsteinschränkender Prozesse

Im Alltag des Privat- und Berufslebens gibt es sporadisch Ärger, Druck und Unsicherheiten, die manche Menschen schwerer bewältigen als andere. Sie verhalten sich lageorientiert. Im Gegensatz dazu reagieren die anderen, die Handlungsorientierten, gelassener. Warum die einen gelassener als die anderen reagieren, kann uns die Hirnforschung etwas aufschlüsseln.

Nach heutigem Wissensstand beruht eine Lageorientierung auf einer Gleichgewichtsstörung verschiedener Prozesse, die am Mechanismus der Selbststeuerung beteiligt sind. So werden z.B. der Hippocampus und die rechte Seite der vorderen Hirnrinde durch Stress und negative Gefühle blockiert. Solche Situationen führen bei den betroffenen Menschen oftmals zur Aussage: „Ich weiss nicht mehr, wo mir der Kopf steht" oder „Ich weiss momentan weder ein noch aus" oder einfach „Ich schwimme". Im Gehirn werden bei Ausfall der Selbststeuerung die übersichtschaffenden Prozesse blockiert; im Extremfall kommt es zu eigentlichen Kurzschlusshandlungen oder Verzweiflungstaten. Wenn der Steuerzentrale die Orientierung verloren geht, kann sie ungewollte Gefühle und Gedanken nicht mehr identifizieren und vor dem Eintritt ins Bewusstsein hindern.

Kann man schwierige Situationen nicht mehr selbstgesteuert, also ohne fremde Hilfe bewältigen, kommt es zu einem Kommunikationsstau zwischen den verschiedenen Gehirn-Systemen. Auf dieser Erkenntnis basiert die Persönlichkeitstheorie PSI-Theorie (Persönlichkeits-System-Interaktionen) von Kuhl[35]. Das gestörte System kann seine Informationen nicht mehr unter den anderen austauschen. Systeme, die das Verhalten steuern, wissen mit einem Mal nicht mehr, was auf der Ebene des ganzheitlichen Überblicks über alle Bedürfnisse, Überzeugungen und Werte die für das Indiviuum beste Verhaltensweise ist.

Die Forschungsergebnisse zeigen, dass in der Tat nicht alle Menschen für die Bewältigung von schwierigen Situationen - also Krisen - geignet sind.

---

[35] Kuhl, Julius, 2003, Persönlichkeitsforscher, Professor an der Universität Osnabrück

Auch eine gute Führungskraft in einer „heilen" unternehmerischen Infrastruktur verhält sich demgemäss noch lange nicht gleich gut unter ungünstigen Bedingungen. Dies erklärt zum Teil den bedeutenden gegenwärtigen Notstand an qualifizierten Führungskräften, die in der Lage sind, in den Zeiten höheren Wettbewerbsdrucks und grösserer wirtschaftlichen Turbulenzen einen „klaren Kopf" zu bewahren und handlungsorientiert zu agieren.

Die optimalere Selbststeuerung bei handlungsorientierten Menschen stellt diesen je nach Situation zwei verschiedene Formen der Bewältigung zur Verfügung: Stehen sie vor der Lösung einer schwierigen Aufgabe, wählen sie eine prospektive (vorausschauende) Handlungsorientierung. Gilt es eine Situation zu verkraften, reagieren sie retrospektiv (rückblickend) handlungsorientiert. Sie besitzen dadurch die Fähigkeit, in schwierigen Situationen eine gedämpfte Stimmung rasch wieder aufzuhellen. Bei handlungsorientierten Menschen funktioniert demzufolge ein Selbstmotivationsprozess.

Aus der neuropsychologischen Forschung gibt es nun den Hinweis, dass der Vorgang der Selbstmotivierung in einem überlickschaffenden Steuerzentrums des Gehirns liegt, das auch die Selbstberuhigung und damit die Aktivierung der mentalen Funktionen für den situativen Überblick, steuert. Wir folgern daraus, dass jemand, der negative Gefühle in Grenzen halten kann, bei schwierigeren Situationen über sein Gehirn automatisch eine Art Bewältigungsmuster erhält.

Die Bewältigungsmuster geben einem mehr Handlungsalternativen, eine grössere Übersicht über die Sachlage und eine bessere Einschätzung der gegenwärtigen Kräftepotenziale, die man für die Bewältigung aussergewöhnlicher Situationen einsetzen kann. Die Aktivität der Steuerzentrale in der vorderen Hirnrinde lässt sich durch EEG (Electro-Encephalo-Gramm) messen.

Kuhls Erkenntnis besagt doch nichts anderes, als wenn negative Gefühle nicht durch Selbstberuhigung und positive Motivation durch Selbstmotivation bewältigt werden können, geht der Zugriff auf das ganzheitliche Einfühlen in eine Situation verloren.

Dabei führt jede emotionale Fixierung, also das nicht Loskommen von einer Situation, zu einer mehr oder weniger grossen Störung der Interaktion aller persönlichen psychischen Systeme und einer Beeinträchtigung der Leistungsfreude und -fähigkeit. Durch geeignete Massnahmen, wie Test- und Diagnoseverfahren, können systemimmanente Defitzite eruiert und durch Trainings aufgearbeitet werden.

Der Weg von einer lageorientierten zu einer handlungsorientierten Person ist für jedermann ein für sein gesamtes Lebensglück wichtiger Schritt in eine prospektive Zukunft der Selbstentfaltung.

Grosse Probleme bereiten vielen Menschen eine Trennung im privaten oder eine Kündigung im beruflichen Bereich. Manche Menschen erholen sich von einem solchen schweren Schlag nicht, was zu einer Verbitterungsstörung führt. Sie entsteht zum Beispiel bei Personen, die über viele Jahre in einem Unternehmen gearbeitet haben und mit einem mal entlassen werden, weil die Firma dicht machen muss. Viele Menschen, die von einer solchen Situation betroffen werden, fallen in eine depressionsartige Passivität, sind schlecht gestimmt, antriebslos und meiden den Kontakt mit Menschen durch vollständige Abkapselung. Der Arzt diagnostiziert in solchen Fällen meistens eine „posttraumatische Verbitterungsstörung"[36]. Die Symptomatik ist bereits seit einiger Zeit bekannt, der Begriff jedoch neu.

Bisher behandelte man solche Personen auf Depressionen, somatoforme Störungen oder Angsterkrankungen. Die Verbitterungsstörung ähnelt der posttraumatischen Belastungsstörung, deren Auslöser die Todesangst, z.B. bei einem Verkehrsunfall sein kann.

Viele arbeitslos gewordene Menschen gehören zur Gruppe mit Verbitterungsstörungen und sind in diesem Zustand äusserst schwer bis gar nicht vermittelbar. Durch gezielte Therapien schaffen es die einen aus diesem schwarzen Loch zu kommen, andere kreisen mit ihren Gedanken unentwegt um die erlebten unangenehmen und für sie unannehmbaren schlechten Ereignisse. Schlafstörungen, Appetitlosigkeit, ja sogar Aggressionsphantasien entwickeln sich.

---

[36] vgl. Prof. Dr. Michael Linden, FU Berlin, Psychotherapy and Psychosomatics, 2/2003

Die schweren Störfaktoren wirken sich sehr rasch auch auf den familiären Kreis aus. Der Mensch und seine Mitmenschen können zu einem echten Sozialproblem für die Gesellschaft und für den Staat werden.

Es soll aber mit diesen Gedanken nicht die Meinung aufkommen, dass jeder Mensch nach einer Scheidung oder Kündigung zum psychisch Kranken werden muss. Betroffen sind meistens jene Menschen, denen durch das Lebensereignis zentrale Werte zerstört wurden.

Wer gewissenhaft seiner Arbeit über viele Jahrzehnte nachging und an seinem Arbeitsplatz ordentliche Arbeit geleistet hat - seine Arbeit also ein oder vielleicht sogar der wichtigste Teil des Lebens ist - der fällt in ein dunkles Loch. Er verkraftet die Entlassung - also die Tatsache, nicht mehr gebraucht zu werden - nur sehr schwer und wird durch seine Verbitterungsstörung ganz schwer vermittelbar.

Hinzu kommt noch die Altersschere, die heute bereits über 45jährige Personen bei der Reintegration in den Berufsprozess benachteiligt.

Einfacher können jene Menschen mit solchen Trennungssituationen umgehen, die sich gedanklich in eine andere Situation versetzen können und eine Trennung auch als Chance eines Neubeginns ansehen. Besser verarbeiten können auch diese Menschen ihre Schicksale, die Handlungen auf ihre langfristigen Konsequenzen überdenken können.

Die Lebensereignisse, wie schlimm sie für einzelne auch sein mögen, müssen aus eigener innerer Kraft, manchmal unter Mithilfe von aussen, überwunden werden. Gerade in dieser Phase des Lebens ist es wichtig, dass man sich an einem neuen Ufer stehend mit der Kompetenz-Navigation beschäftigt, neue Ziele in nicht allzu weitem Horizont definiert und durch geeignete Mittel und Methoden zu erreichen versucht.

2. Wahrnehmung und Umgang mit Defiziten im gesellschaftlichen und wirtschaftlichen Umfeld

- *Grundsätzliches über die Wahrnehmungsfähigkeit*
- *Erwartungsängste verzerren die Wahrnehmung*
- *Wahrnehmung als Voraussetzung für das Lernen*
- *Defizitkategorien im gesellschaftlichen und wirtschaftlichen Umfeld*
- *Die Zeit und ihre Nutzung auf dem Weg zur Defizitüberwindung*
- *Der persönliche Navigationsplan zum Erkennen von Defiziten*

Grundsätzliches über die Wahrnehmungsfähigkeit

Wahrnehmung wird beim Menschen von seinen jeweiligen Wünschen, Bedürfnissen und Werten beinflusst und geleitet. Das Wahrnehmungsvermögen wird aber auch von dominanten sekundären Bedürfnissen, wie z.B. Leistung, Geselligkeit oder Machtansprüchen beeinflusst. In der Summe ist das Wahrnehmungsvermögen jedoch bei Menschen mit höherem Bildungsniveau stärker ausgeprägt.

Wer sich für sich selbst und seine Umwelt interessiert, intensiviert das Wahrnehmungsvermögen deutlich stärker als jemand, der einfach in den Tag hineinlebt und ein relativ unbekümmertes, zielloses Leben führt. In unserer Leistungsgesellschaft leben Menschen besser, die über ein aktives Wahrnehmungsvermögen verfügen.

Die Objektivität jeder Wahrnehmung wird durch die subjektive Erlebnisaufarbeitung mehr oder weniger getrübt. Ein Mensch, der also aus seiner Vergangenheit viele Frustrationen erfahren hat, wird ein Objekt oder eine Person oder eine Situation durch sein kritischeres oder auch negatives Denken anders einschätzen, als jemand, der in positiven Stimmungsfeldern lebt, in denen der Optimismus seine Entscheidungs- und Handlungspräferenzen prägt.

Das Wahrnehmungsvermögen und die Wahrnehmungsprozesse verstärken sich bei positiv disponierten Menschen und vermindern sich bei negativ disponierten oder psychisch beeinträchtigten. Auch bei Personen, die unter dauerndem Stress stehen, reduziert sich das Wahrnehmungsvermögen, wobei die Wahrnehmungsprozesse nicht mehr in einer logisch nachvollziehbaren Folge zueinander stehen.

Spannend ist es eigentlich auch, sich an dieser Stelle mit den Wahrnehmungsprozessen selbst auseinanderzusetzen.

Die Stufen des Wahrnehmungsprozesses seien hier in Anlehnung an Hellriegel/Slocum/Woodman[37] aufgeführt:

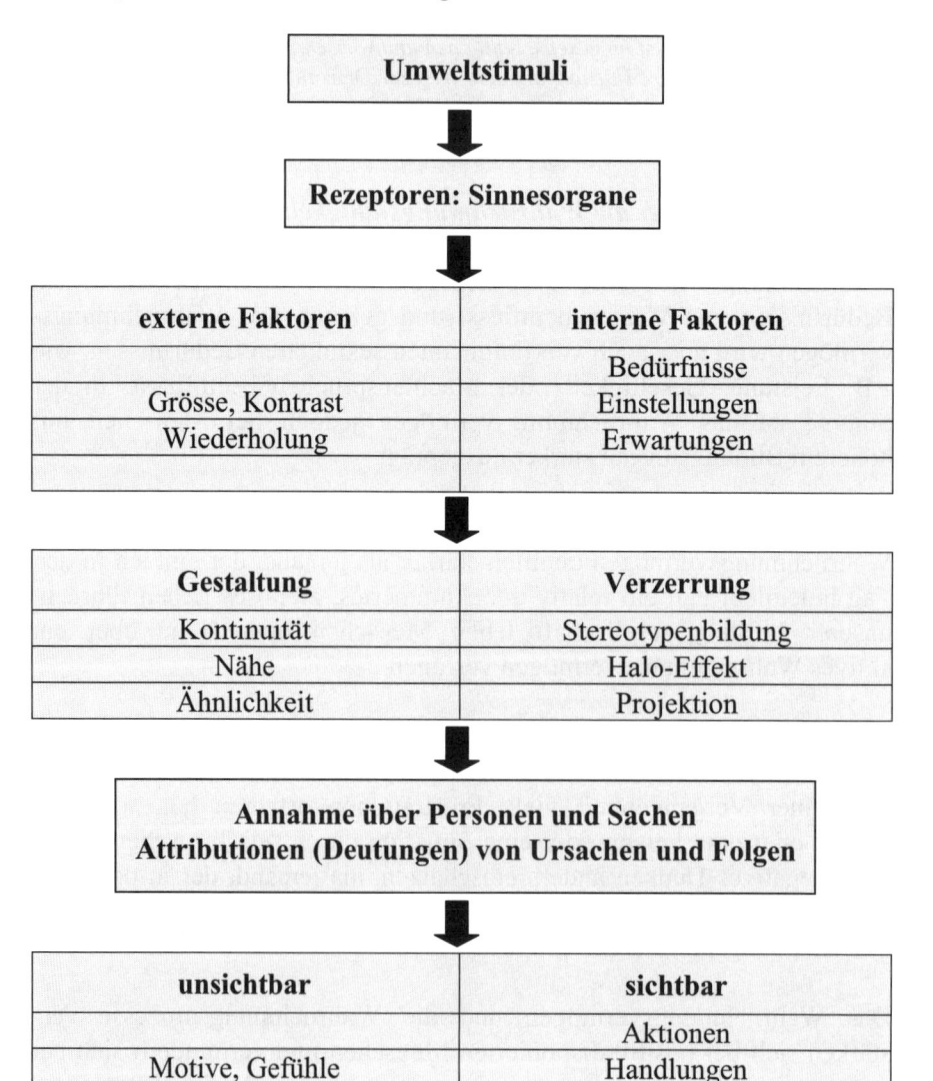

Umweltstimuli

⬇

Rezeptoren: Sinnesorgane

⬇

externe Faktoren	interne Faktoren
	Bedürfnisse
Grösse, Kontrast	Einstellungen
Wiederholung	Erwartungen

⬇

Gestaltung	Verzerrung
Kontinuität	Stereotypenbildung
Nähe	Halo-Effekt
Ähnlichkeit	Projektion

⬇

**Annahme über Personen und Sachen
Attributionen (Deutungen) von Ursachen und Folgen**

⬇

unsichtbar	sichtbar
	Aktionen
Motive, Gefühle	Handlungen

---

[37] Hellriegel/Slocum/Woodman, Organizational behavior, 4. Aufl., 1986

Zu den einzelnen Stufen dienen die folgenden Ausführungen. Zu den externen Faktoren gehören die Intensität, die sich z.B. in Lautstärke oder grellen Farben bemerkbar machen kann. Das Wahrnehmungsvermögen wird auch mit zunehmender Grösse von Objekten oder grösserem Kontrast zwischen Objekt und Hintergrund oder mehrfachen Wiederholungen von z.B. Hinweisen oder Warntafeln verstärkt.

Als Halo-Effekt wird eine Wahrnehmung über eine Person definiert, die der Wahrnehmende nur aus der Sicht eines einzigen hervorstechenden Merkmals trifft. Durch Halo-Effekte hervorgerufene Wahrnehmungen sind wegen ihrer Wahrnehmungsfehler besonders bei der Beurteilung von Mitarbeitern problematisch.

Bei der Wahrnehmung spielt auch der sog. Primacy-Recency-Effekt - die Reihenfolge, in der die Reize wahrgenommen werden, eine nicht unbedeutende Rolle. Eine gewinnende Ausstrahlung, ein hübsches Gesicht, schöne Augen etc. können die Wahrnehmung sehr stark beeinflussen und die Objektivität beeinträchtigen. Ein bewusst angestrebtes Imponiergehabe kennen wir nicht nur aus dem Tierreich. Auch der Mensch bedient sich dieser P-R-Effekte und Primacy-Effekte (Liebe auf den ersten Blick) auslösenden Fokussierungsmechanismen.

Ein vielfach nur schwer auszumachender Verzerrungsprozess der Wahrnehmung liegt in der Projektion. Menschen neigen dazu, durch Informationen hervorgerufene eigene Gefühle des Versagens oder Schuld auf andere zu projizieren. Eine Nichtbeförderung in der Firma wird nicht sich selbst, sondern „ungerechten" Vorgesetzten oder „unfairen" Kollegen zugeschrieben.

Die Wahrnehmung spielt im aktiven Leben in allen Rollen, die der Mensch ausübt, eine zentrale Bedeutung. Sie orientiert sich an Vorstellungen und Erwartungen, die man an eine Rolle stellt und den Zielen, die man mit einer Rolle verbindet. Im privaten Leben erwartet man, dass eine Person in der Rolle Mutter oder Vater eine gute, fürsorgende Persönlichkeit ist, die sich mit der betreffenden Rolle identifizieren und dafür auch die notwendige Zeit aufbringen kann. Die Wahrnehmung setzt natürlich auch eine entsprechende Entscheidungs- und Handlungsfähigkeit voraus, denn wahrgenommene Reize müssen ja verarbeitet werden können.

In diesem Zusammenhang ist die Typologie von Kudera et al.[38] interessant. Sie definieren, wie Menschen mit dem Entscheidungs- und Handlungsspielraum umgehen können. Kudera et al. unterscheiden 5 Typen:

1	Identifikatorischer Typ (Anspruch wird erfüllt)
2	Kompensatorischer Typ (Anspruch wird ersetzt)
3	Resignativer Typ (Anspruch wird aufgegeben)
4	Negatorischer Typ (Anspruch wird verleugnet)
5	Gleichgültiger Typ (Anspruch wird vermisst)

Wichtiger Ausgangspunkt der sozialpsychologischen Forschung ist die Attributionstheorie, die auf der Erkenntnis beruht, dass Reaktionen auf wahrgenommene Ereignisse auf deren Ursachen zurück geführt werden können. Der historische Ursprung der Attributionstheorie geht auf die naive Verhaltenstheorie[39] zurück, die dem Menschen das Bedürfnis unterstellt, Ereignisse dadurch zu erklären, dass sie auf die dispositionellen Eigenschaften von Personen oder Situationen zurück geführt werden.

Der Mensch ist ein informationssuchendes, selektierendes und interpretierendes Wesen, das stets versucht, die wahrgenommenen Ereignisse subjektiven Ursachen zuzuschreiben. Man spricht in diesem Zusammenhang von Kausalattribution. Kelley[40] untersuchte, welche Faktoren Kausalattribuierungen verursachen und nennt dazu die folgenden Faktoren:

- Handlungsgegenstand
- andere Personen
- Handlungsdauer
- Art der Interaktion mit dem Gegenstand

---

[38] vgl. Kudera, W., et al., 1979, Gesellschaftliches und politisches Bewusstsein von Arbeitern
[39] vgl. Heider, Fritz, 1958, The psychology of interpersonal relations, New York
[40] Kelley, Harold H., Prof. of Psychology, UCLA, California

Wir folgern aus den zahlreichen Theorien, dass derzeit für die Wahrnehmung und die Wahrnehmungsprozesse immer noch kein eindeutiges Verhaltensmuster eruiert werden konnte. Der Mensch nimmt Reize durch seine eigene sehr verschiedene Disposition unterschiedlich auf und verarbeitet sie ebenso unterschiedlich.

Erwartungsängste verzerren die Wahrnehmung

Die Wahrnehmung wird durch eine Reihe von Imponderabilien, zu denen die Erwartungsängste zählen, beeinträchtigt. Erwartungsängste, wie etwa die Angst zu versagen, sich lächerlich zu machen oder negativ bewertet zu werden. Der Mensch reagiert mit Schüchternheit, Unsicherheit oder Aufgeregtheit. Ein Teil der davon betroffenen Menschen leidet unter sozialer Phobie, die in den vergangenen Jahren in unseren westlichen Gesellschaften enorm zugenommen hat und unseren Gesellschaften sehr grossen Schaden zufügt.

Soziale Phobie beeinträchtigt den Einzelnen in seinem allgemeinen Befinden, in seiner Leistungsfähigkeit und ganz allgemein in der Gestaltung und Bewältigung des Alltags. Die Wurzeln sozialer Phobie liegen vielfach in den ersten 30 Lebensjahren, einem sehr sensiblen Lebensabschnitt, in dem sich der Mensch zur Persönlichkeit entwickelt.

Rein äusserlich machen sich Ängste etwa durch Erröten, Herzklopfen, Händezittern oder Schwitzen bemerkbar. Der betroffene Mensch kann den angstauslösenden Prozess in seltenen Fällen im Vorfeld der Entstehung blockieren. Er wird vor einem bestimmten Ereignis von der Angst befallen, die ihm den „kalten Schweiss" auf die Stirn treibt oder „Magenbeschwerden" auslöst.

Erwartungsängste können sich auf einige wenige Situationen, z.B. „Lampenfieber" vor einem Auftritt beschränken oder sich auf jegliche Situationen ausbreiten. Etwas über ein Drittel der Menschen in den Industrienationen bezeichnen sich als schüchtern und zurückhaltend im Umang mit anderen Menschen. Gut ein Drittel wünscht sich, dass sie anderen gegenüber ihre Meinung und ihre Bedürfnisse besser kommunizieren und sich insgesamt besser durchsetzen können.

Menschen mit sozialer Phobie können sich in ihrer Umgebung gar nicht richtig in Szene setzen, bekunden Schwierigkeiten bei der Kontaktanbahnung, können sich kaum einen Freundes- und Bekanntenkreis aufbauen und haben kaum je die Chance, sich im Beruf (obwohl hochbegabt) von ihrer besten Seite zu zeigen.

Soziale Phobie entsteht aus der Kombination von Temperament und Lernprozessen. Betroffene haben in der Kindheit und Jugend durch Beobachtungen anderer erfahren, wie schlimm es ist, wenn man etwas Unpässliches tut, sich blamiert und von anderen abgewiesen wird. Aus dieser Situation entstehen durch die Erwartungshaltung, dass pausenlos wieder etwas Schlimmes passieren könnte, die Erwartungsängste – auch wenn man sich in einer durchaus normalen Situation befindet. Eine Arbeitsgruppe um Birbaumer[41] untersucht gegenwärtig Personen, die an sozialer Phobie leiden.

Menschen, die mit einer unbehandelten sozialen Phobie leben, befürchten also ständig negative Bewertungen durch andere und erwarten ganz allgemein immer Unerfreuliches. Für etwa 10 Prozent aller Berufstätigen und Arbeitssuchenden bildet die soziale Phobie ein grosses Handicap. Die einen verbauen sich ihre Karriere, die anderen nehmen sich die Chancen auf eine neue Anstellung.

Neben medikamentösen Behandlungsmethoden haben sich seit den 90er Jahren verhaltenstherapeutische Therapieprogramme als erfolgreich erwiesen. Lerninhalt dieser Therapieform ist der Umgang mit den gefürchteten, angstauslösenden Ereignissen.

Eine Gruppe Menschen „programmiert" förmlich Erwartungsängste dadurch, dass sie ihre Ziele entweder zu hoch stecken oder die für die Zielerreichung notwendige Zeit zu kurz bemisst. Wir wollen deshalb diesen Projektionen auf die Spuren gehen und lernen wie man durch situative Beurteilungsfähigkeit solche Probleme umgehen kann.

---

[41] Birbaumer, Neuropsychologe, Prof. Universität Tübingen

Wahrnehmung als Voraussetzung für das Lernen

Was nicht wahrnehmbar ist, kann nicht gelernt werden. Lernen selbst können wir nicht direkt, sondern nur indirekt durch den Vergleich des Verhaltens vor und nach einem Lernprozess wahrnehmen. Man kann z.B. nach Übungen feststellen, ob sich ein Verhalten geändert hat und daraus schliessen, dass der Mensch offenbar etwas gelernt hat.

Insofern ist Lernen ein permanenter Prozess im Wandel des Verhaltens, wobei damit nicht gesagt sei, dass jede Verhaltensänderung durch Lernen hervorgerufen wird. Verhaltensänderungen entstehen auch in der Folge des Reifungsprozesses gemäss angeborenen Dispositionen als auch durch Ermüdungsprozesse, ausgelöst etwa durch Alkoholgenuss.

Lernen setzt jedenfalls ein Gedächtnis voraus, das ermöglicht, wahrgenommene Informationen zu speichern und zu einem späteren Zeitpunkt wieder zu reproduzieren. Das Gedächtnis verfügt für die Reproduktion über einen Kurzzeit- und Langzeit-Speicher. Werden Informationen im Kurzzeitspeicher nicht unmittelbar memoriert (wieder in Erinnerung gerufen), geraten sie rasch in Vergessenheit. Hervorgerufen durch besonderes Interesse und zielgerichteter Motivation aktiviert der Mensch zum Lernen seinen Langzeitspeicher. Es würde den Rahmen dieses Buches übersteigen, wollte man sich jetzt mit den verschiedenen Lerntheorien auseinander setzen. Wer sich damit intensiver befassen möchte, konsultiere die Arbeiten von Bandura[42], Hacker[43] Miller/ Galanter/Pribram[44], Bergius[45] und Campbell[46].

Wir beschränken uns auf die Feststellung, dass Lernen für die Entwicklung eines jeden Menschen die Grundvoraussetzung für die Aufrechterhaltung seiner Existenz ist.

---

[42] vgl. Bandura, A., Social learning theory, Englewood Cliffs, New York, 1977
[43] vgl. Hacker, W., Entwickeln und Konstruieren als Denktätigkeit, in ZfA 50, S. 111–116, 1996
[44] vgl. Miller/Galanter/Pribram, Plans and the structure of behavior, London, 1960
[45] vgl. Bergius, R., Psychologie des Lernens, 2. Aufl., Stuttgart, 1972
[46] vgl. Campbell, J. P., Effectiveness of T-group experiences in managerial training and development, 1968

Defizitkategorien im gesellschaftlichen und wirtschaftlichen Umfeld

Im gesellschaftlichen Umfeld setzt sich der Mensch Ziele, die sich in die folgenden Kategorien einteilen lassen:

Persönliche Ziele mit individuellem Präferenzabgleich:

Familienstatus	Single (ledig, alleinstehend, verwitwet)
	Lose Partnerschaft, kinderlos
	Lose Partnerschaft, mit Kindern
	Gebundene Partnerschaft, kinderlos
	Gebundene Partnerschaft, mit Kindern
	Ehe, kinderlos
	Ehe, mit Kindern

Rollen in der Familie	Kind
	Sohn / Tochter
	Bruder / Schwester
	Patentante / Patenonkel
	Tante / Onkel
	Eltern (Vater / Mutter)
	Grosseltern
	Urgrosseltern
	Schwägerin / Schwager
	Keine Familienbande

Rollen im Bildungsbereich	Schülerin / Schüler
	Berufsschülerin / Berufsschüler
	Lehrling
	Studentin / Student
	Assistentin / Assistent
	Dozentin / Dozent

Rollen im Freizeitbereich	Hobby Sportlerin / Sportler
	Vereins-Sportlerin / -Sportler
	Mitglied Sportverein
	Mitglied Freizeitverein
	Mitglied gemeinnütziger Verein
	Mitglied Kulturverein
	Mitglied Kunstverein
	Mitglied einer Religionsgemeinschaft
	Mitglied einer politischen Partei
	Geselligkeit ohne Vereinsbindung

Rollen im Bereich Wohnen	Wohnen bei Eltern
	Wohngemeinschaft
	Mieter einer Wohnung
	Mieter eines Hauses
	Eigentümer einer Wohnung
	Eigentümer eines Hauses
	Eigentümer einer Villa
	Eigentümer einer Ferienwohnung
	Eigentümer eines Ferienhauses
	Besitzer eines Mehrfamilienhauses

Rollen im Freundeskreis	Kumpel
	Kollege
	Freund
	Leithammel

Rollen als Statusträger	Träger von Markenartikeln
	Träger von Lifestyle-Artikeln
	Autofahrer
	5 Sterne Hotelgast
	Gourmet
	Preisträger
	Szene-Kenner
	Inhaber von Designermöbeln

Persönliche Anspruchsniveaus*	Bescheidener Lebensstil
	Durchschnittlicher Lebensstil
	Grosszügiger Lebensstil
	Mondäner Lebensstil
	Geringes Qualitätsbewusstsein
	Durchschnittliches Qualitätsbewusstsein
	Hohes Qualitätsbewusstsein
	Geringe Leistungsorientierung
	Durchschnittliche Leistungsorientierung
	Hohe Leistungsorientierung
	Geringe Opferbereitschaft
	Durchschnittliche Opferbereitschaft
	Hohe Opferbereitschaft
	Hohe materielle Ansprüche
	Durchschnittliche materielle Ansprüche
	Geringe materielle Ansprüche

* Die persönlichen Anspruchsniveaus lösen bei den verschiedenen Rollen eines Menschen mehr oder weniger grosse Defizitpotenziale aus, die man bereits im vornherein abschätzen kann. Hohe Erwartungen an einen selbst können in unserer leistungsorientierten Gesellschaft nicht mit niedrigen Anspruchsniveaus erreicht werden. Selbst beim Golfspiel benötigt man ein bestimmtes Handicap (Platzreife), um auf dem Platz zugelassen zu werden.

Wirtschaftliche Ziele mit individuellem Präferenzabgleich

Rolle in der Organisation	
ausführend	Lehrling
	Springer/Trainee
	Assistentin / Assistent
	Teilzeit-Mitarbeiterin / -Mitarbeiter
	Mitarbeiterin / Mitarbeiter
	Beraterin / Berater
	Expertin / Experte
führend	Gruppenleiterin / Gruppenleiter
	Teamleiterin / Teamleiter
	Projektleiterin / Projektleiter
	Abteilungsleiterin / Abteilungsleiter
	Departementleiterin / Departementleiter
	Bereichsleiterin / Bereichsleiter
	Divisionsleiterin / Divisionsleiter
	Firmenleiterin / Firmenleiter
	Konzernchefin / Konzernchef
	Vorstandsmitglied
	Aufsichtsrat
	Firmeninhaber
	Pensionärin / Pensionär
	Arbeitlose / Arbeitsloser
	SozialhilfeempfängerIn
	Invalide / Invalider

Rollenbeeinflussende Statussymbole sind z.B. Bürogrösse und Ausstattung des Arbeitsplatzes, Dienstwagen, reservierter Parkplatz, eigene Sekretärin, Titel, Flugreisen in der Business-Class und Bahnreisen 1. Klasse.

Die rollenbeeinflussenden Statussymbole prägen vor allem die Wahrnehmung bei anderen Menschen, schüren aber bei diesen auch Ängste, bzw. Kritik.

Wenn die Manager einer hochmaroden Fluggesellschaft sich nach wie vor in grossen Luxuswagen chauffieren lassen, während tausende von Stellen abgebaut werden müssen, darf man nicht mehr auf Verständnis und Akzeptanz hoffen.

Aus der Vielfalt der Rollen, die jeder Mensch im Laufe seines Lebens durchmachen muss, geht auch hervor, dass man in allen Lebensabschnitten Prioritäten setzen muss, will man mit seinen Rollen einigermassen zurecht kommen.

Jeder Mensch benötigt also einen Lebensentwurf, den er im Laufe der Zeit immer wieder korrigieren, oder besser gesagt nachführen muss. Kein Mensch kommt nur mit einer Rolle zurecht. Er lebt auf jeden Fall mit mindestens einer Rolle im privaten und einer im beruflichen Bereich.

Die erfolgreiche Ausübung aller Rollen erfordert eine Vielzahl von Anforderungskriterien aus den Kompetenzbereichen der personalen Kompetenz als auch der Fach-, Methoden- und Sozialkompetenzen. Rollenanforderungen können definiert und grösstenteils erlernt werden. Die Rolle eines Schülers oder Studenten verlangt für die erfolgreiche Ausübung ein klar gegliedertes Kompetenzprofil, in dem auch funktionale Aspekte des Lernens und des Erwerbs von Erfahrungen enthalten sind. Selbst auf die Rolle einer Mutter oder eines Vaters kann man sich im Vorfeld des Ereignisses in geeigneten Kursen vorbereiten. Doch alle festgelegten Ziele setzen für deren Erreichen eine Investition an Zeit voraus, einer Messgrösse, die nicht beliebig verfügbar ist und wie wir gleich sehen werden, vom Menschen auch bereits stark beansprucht wird.

Die Zeit und ihre Nutzung auf dem Weg zur Defizitüberwindung

Jedermann, der sich durch die Kompetenz-Navigation ein Lebens- und Karriereprofil definiert, muss a priori wissen, dass es für alle in einer oder mehreren Rollen definierten Kompetenzen die notwendige Entwicklungszeit braucht.

Grundsätzlich stehen dem Menschen 24 Stunden pro Tag zur Verfügung, wovon er etwa einen Drittel für die Erholung im Schlaf benötigt. So verbleiben für die aktive Lebensgestaltung 16 Stunden, von denen man wiederum etwa die Hälfte, also 8 Stunden, als Arbeitnehmer seine Zeit einem Unternehmen zur Verfügung stellt.

Berechnet man die An- und Wegfahrzeiten zur Arbeit von ca. 2 Stunden noch dazu, verbleiben für alle anderen Rollen und die Erfüllung jener Aufgaben noch gerade 6 Stunden pro Tag!

Bei nur drei Rollen Familienrolle, Berufsrolle und einer Freizeitrolle, die ein Mensch parallel ausüben möchte, müssen sich gemäss unserem Tageszeitplan die Familien- und Freizeitrollen im Rahmen eines zeitlichen Aufwandes von max. 6 Stunden bewegen. Die Rolle im Haushalt mit seinen täglichen Arbeiten beansprucht normalerweise auch etwa 1 Stunde pro Tag. Damit verbleiben für die Programme, die im Zusammenhang mit einer Zielorientierung liegen gerade mal an die 5 Stunden für die restlichen persönlichen Belange.

Wie das persönlich mit der Einteilung der Zeit aussieht, kann der Leser im folgenden Raster selbst einmal festhalten:

Durchschnittlicher Zeitverbrauch pro Tag (in 0,25/0,5/0,75/1,0 Std.)		
	RW*	PW*
Schlafen		
Hygiene		
Verpflegung (morgens, mittags, abends)		
Arbeitsweg (Hin- und Rückweg)		
Arbeitszeit		
Haushalt		
Administratives		
Beschäftigung mit der Familie		
Informationsbeschaffung (Lektüre, Internet, TV)		
Freizeit (Einkaufen, Sport, Hobbys, Vereine)		

*RW = Richtwert, PW = Persönlicher Wert

Kompetenzen, deren Ausprägung durch Lernen, wie etwa bei einer Fremdsprache, geformt werden können, benötigen die meiste Zeit für den kognitiven Wissenserwerb. Es gilt also die Zeit für das Lernen von Vokabeln, Grammatik und Syntax aufzunehmen. Ein zweiter Teil an Zeit muss der Anwendung der Sprache reserviert bleiben, also dem themenorientierten Sprechen in Gruppen.

Der Zeitaufwand, um in einer Fremdsprache einigermassen kommunizieren zu können, beträgt je nach Vorkenntnissen 1-3 Jahre und erstreckt sich über 400-1200 Lektionen.

Zeitplanung Kompetenzentwicklung in einer Fremsprache

Vorkenntnisse (keine)

Anspruchsniveau	Jahre	Lektionen	Std/W
Ausdrucksfähigkeit	1	400	8
Korrespondenz	2	800	8
Verhandlungssicherheit	3	1200	8

Zeitplanung Kompetenzentwicklung in einer Fremsprache

Vorkenntnisse (Schule)

Anspruchsniveau	Jahre	Lektionen	Std/W
Ausdrucksfähigkeit	1	200	4
Korrespondenz	2	200	4
Verhandlungssicherheit	3	400	8

Neben dem klassischen Lernen nach verschiedenen Methoden empfiehlt es sich, sich über eine bestimmte Zeit im entsprechenden Sprachgebiet aufzuhalten, um die Anwendung einer Fremdsprache im Alltag zu mehr als 90% praktizieren zu müssen. Wer die Zeit in das Sprachenlernen nicht investieren will oder kann, darf sich dazu auch keine Ziele setzen. Der persönliche Erfolg hängt also zu einem grossen Teil von der disziplinierten Zeiteinteilung und –nutzung ab. Es nützt natürlich wenig, wenn jemand sich Zeit reserviert, diese Zeit dann aber nicht konzentriert nützt.

Ein Hinweis zur Qualität der Konzentration bei der Zeitverwendung sei der, dass die für einen Lernprozess geplante Zeit zu wenigstens 85% für diesen Lernprozess genutzt werden sollte.

Je länger die Lernzeit für einen bestimmten Wissensstoff angesetzt ist, desto stärker nimmt die Konzentrationsfähigkeit ab. Diese vermindert sich aber auch bei schwacher Motivation oder beim Ausbleiben von zwischenzeitlichen Erfolgsmeldungen. Die grösstmögliche Lerneffizienz erreichen durchschnittlich veranlagte Menschen in einem 15-20 Minuten Rhythmus. Ein Beispiel:

- 15-20 Minuten: Vokabeln lernen
- 15-20 Minuten: Texte lesen
- 15-20 Minuten: Gespräche führen (interaktiv)

Neuere Lehrbücher berücksichtigen beim Kapitelaufbau diesen Wechsel im Lernrhythmus und erfreuen die Lernenden mit Zwischenchecks fürs Erfolgserlebnis.

Mit anderen Kompetenzen verhält es sich genauso. Erfolgreiche Kompetenzentwicklung setzt eine Stufenplanung mit Definition von Teilzielen voraus. Hochschulprofessoren fallen genauso wenig vom Himmel wie Krankenpfleger, Sachbearbeiterinnen, andere Fachkräfte oder Führungskräfte. Alle Berufe sind in einem Berufsprofil transparent durch sog. Schlüsselkriterien zu definieren.

Aufgrund bestimmter Funktionen in den Berufsprofilen sind einige Menschen durch ihre typologische und kompetenzorientierte Struktur ein mehr oder weniger grosser Risikofaktor.

Die folgende Tabelle konfrontiert Sie mit den idealtypischen Vorstellungen zu verschiedenen Berufssparten, wobei es sich um die Darstellung von Tendenzen handelt, die gegenwärtig aktuell sind, in naher Zukunft sich aber auch mehr oder weniger verändern können. Wir konzentrieren uns auf die 3 Sparten: Mitarbeiter, Fach- und Führungskräfte.

Der persönliche Navigationsplan zum Erkennen von Defiziten

Idealtypische Charakteristika bei gewissen Berufssparten:

Typologie	MTA*	FAK*	FÜK*	PE*
Hippokrates				
Sanguiniker				
Phlegmatiker				
Choleriker				
Melancholiker				
C. G. Jung				
Erkennen/Fühlen				
Intuition/Fühlen				
Erkennen/Denken				
Intuition/Denken				
Spranger				
Theoretischer Mensch				
Ökonomischer Mensch				
Ästhetischer Mensch				
Religiöser Mensch				
Sozialer Mensch				
Politischer Mensch				
Huth (Strukturstufe 1)				
Wahrnehmen und Wahrnehmungen				
Auffassung (Aufgabenverständnis)				
Unterscheiden und Vergleichen				
Anschauen und Anschauungen				
Huth (Strukturstufe 2)				
Vorstellungswelt				
Gedächtnis				
Assoziieren				
Phantasie				

* MTA = Mitarbeiter, FAK = Fachkraft, FÜK = Führungskraft, PE = Persönliche Einschätzung

Typologie	MTA*	FAK*	FÜK*	PE*
Huth (Strukturstufe 3)				
Begriffe und Ideen (Begriffsklarheit)				
Urteilen				
Kritisieren				
Schliessen				
Huth (Strukturstufe 4)				
Gefühle				
Stimmungen				
Temperamente				
Affekte				
Huth (Strukturstufe 5)				
Triebe				
Begehren und Begierden				
Neigungen und Gewohnheiten				
Leidenschaften und Süchte				
Huth (Strukturstufe 6)				
Willensentschluss				
Vorsätze				
Handeln				
Willensstärke				
Kulturgebiet				
Interessengebiet				
Neigungen				
Begabungsrichtungen				
Soziales Verhalten				
Art der Einstellung				
Kenntnisse und Fertigkeiten				
Formalgebiet				
Art der Aufmerksamkeit				
Arbeitstempo				
Arbeitsausführung				
Verhalten bei der Arbeit				

* MTA = Mitarbeiter, FAK = Fachkraft, FÜK = Führungskraft, PE = Persönliche Einschätzung

Typologie	MTA*	FAK*	FÜK*	PE*
Argyris (unreife Person)				
Passivität				
Abhängigkeit				
Wenige Verhaltensalternativen				
Oberflächliche Interessen				
Kurze Zeitperspektive				
Unterordnung				
Fehlende Selbsterkenntnis				
Fremdkontrolle				
Argyris (reife Person)				
Aktivität				
Unabhängigkeit				
Viele Verhaltensalternativen				
Tiefergehende Interessen				
Lange Zeitperspektive				
Gleich- oder Überordnung				
Vorhandene Selbsterkenntnis				
Selbstkontrolle				
Schein				
Rational-economic man				
Social man				
Self-actualizing man				
Complex man				

* MTA = Mitarbeiter, FAK = Fachkraft, FÜK = Führungskraft, PE = Persönliche Einschätzung

Weinert	MTA*	FAK*	FÜK*	PE*
Passiv unselbständiges Wesen				
Mechanisches Instrument				
Selbstvervollkommnung anstrebend				
Soziales Individuum				
Von Arbeitssituation bestimmt				
Optimaler Entscheider				
Teil sozialer Gruppe				
Führung suchender				
Träge und ambitionslos				
Träger unterschiedlicher Motive				
Von innen gelenkter Mensch				

* MTA = Mitarbeiter, FAK = Fachkraft, FÜK = Führungskraft, PE = Persönliche Einschätzung

Wir müssen uns bewusst sein, dass eine idealtypische Charakteristik nur Tendenzwerte enthalten kann, die den objektivsten Annäherungswert in der Summe erreichen.

Persönliche Checkliste

Der nächste Schritt gilt der Definition der bisherigen Rollen und der Vorstellung, welche Rollen man in Zukunft anzunehmen strebt. Aus der Differenz der gegenwärtigen zu den zukünftigen ergibt sich das Defizitpotenzial bzw. der Lernplan.

Persönliche Ziele mit individuellem Präferenzabgleich:

Familienstatus	Termin
Single (ledig, alleinstehend, verwitwet)	
Lose Partnerschaft, kinderlos	
Lose Partnerschaft, mit Kindern	
Gebundene Partnerschaft, kinderlos	
Gebundene Partnerschaft, mit Kindern	
Ehe, ohne Kinder	
Ehe, mit Kindern	

Rollen in der Familie	Termin
Sohn / Tochter	
Bruder / Schwester	
Eltern (Vater / Mutter)	
Grosseltern (Grossmutter / Grossvater)	
Keine Familienbande	

Rollen im Bildungsbereich	Termin
Schülerin / Schüler	
Berufsschülerin / Berufsschüler	
Lehrling	
Studentin / Student	
Assistentin / Assistent	
Dozentin / Dozent	

Rollen im Freizeitbereich	Termin
Hobby Sportlerin / Sportler	
Vereins-Sportlerin / -Sportler	
Mitglied Sportverein	
Mitglied Freizeitverein	
Mitglied gemeinnütziger Verein	
Mitglied Kulturverein	
Mitglied Kunstverein	
Mitglied einer Religionsgemeinschaft	
Mitglied einer politischen Partei	
Geselligkeit ohne Vereinsbindung	

Rollen im Bereich Wohnen	Termin
Wohnsitz bei Eltern	
Wohngemeinschaft	
Mieter einer Wohnung	
Mieter eines Hauses	
Eigentümer einer Wohnung	
Eigentümer eines Hauses	
Eigentümer einer Ferienwohnung	
Eigentümer eines Ferienhauses	
Besitzer eines Mehrfamilienhauses	

Rollen im Freundeskreis	Termin
Kumpel	
Kollege	
Freund	
Leithammel	

Persönliche Anspruchsniveaus	Termin
Bescheidener Lebensstil	
Durchschnittlicher Lebensstil	
Grosszügiger Lebensstil	
Mondäner Lebensstil	
Geringes Qualitätsbewusstsein	
Durchschnittliches Qualitätsbewusstsein	
Hohes Qualitätsbewusstsein	
Geringe Leistungsorientierung	
Durchschnittliche Leistungsorientierung	
Hohe Leistungsorientierung	
Geringe Opferbereitschaft	
Durchschnittliche Opferbereitschaft	
Hohe Opferbereitschaft	
Hohe materielle Ansprüche	
Durchschnittliche materielle Ansprüche	
Geringe materielle Ansprüche	

Wirtschaftliche Ziele mit individuellem Präferenzabgleich:

Gegenwärtige Rolle im Beruf	Termin
Lehrling	
Trainee	
Assistentin / Assistent	
Arbeiterin / Arbeiter	
Fachfrau / Fachmann	
Beraterin / Berater	
Expertin / Experte	
Projektmanagerin / Projektmanager	
Managerin / Manager	
Direktorin / Direktor	
Vorstandsmitglied	
Aufsichtsrat	
Firmeninhaber	

Zukünftige Rolle im Beruf (ausführend)	Termin
Lehrling	
Springer	
Teilzeit-Mitarbeiterin / -Mitarbeiter	
Mitarbeiterin / Mitarbeiter	

Zukünftige Rolle im Beruf (führend)	Termin
Gruppenleiterin / Gruppenleiter	
Teamleiterin / Teamleiter	
Abteilungsleiterin / Abteilungsleiter	
Departementsleiterin / Departementsleiter	
Bereichsleiterin / Bereichsleiter	
Divisionsleiterin / Divisionsleiter	
Firmenleiterin / Firmenleiter	
Konzernchefin / Konzernchef	

Nebenrollen im Berufsleben	Termin
Frührentnerin / Frührentner	
Arbeitslose / Arbeitsloser	
Sozialhilfeempfänger	
Invalide / Invalider	

3. Persönliche Entwicklungsperspektiven und Zielkonflikte durch Spannungsfelder zwischen Vorstellung und Wirklichkeit

- *Karrierephasen als Weg zur Persönlichkeitsentwicklung*
- *Machtverhältnisse und Machtansprüche erkennen und nutzen*
- *Konflikt, Frustration und Stress als Blockaden der persönlichen Entwicklung*
- *Zukunftsorientierte Selbstentwicklung durch Nutzung des Kompetenz-Navigators*

Karrierephasen als Weg zur Persönlichkeitsentwicklung

Innerhalb der Lebensbiographie eines Menschen konzentrieren sich die Karriere- oder Laufbahnphasen auf die Zeit des aktiven Berufslebens. Im Begriff Karriere verbindet sich der Begriff einer beliebigen Stellenfolge. Mit Karriereplanung wird die gedankliche Vorwegnahme einer bestimmten Stellenfolge bezeichnet. Die Karriereplanung ist in gewisser Hinsicht auch ein Personalentwicklungs-Instrument, denn jeder Stellenwechsel stellt neue Anforderungen an die Person.

Hinter dem Begriff Karriere verbergen sich verschiedene Interpretationen: Karriere macht z.B. jemand, der eine Stelle mit grösserer Verantwortung übernehmen kann. Karriere macht aber auch jemand, der einen „Karrierejob" erhält. Karriere machen auch Sportprofis, die durch ihre Siege im Ranking aufsteigen. Karriere macht aber auch der Mensch, der beharrlich eine vorgegebene Laufbahn beschreitet. Karriere ist also nicht nur ein hierarchischer Aufstieg.

Allen Menschen, die Karriere machen oder machten, ist aber gemeinsam, dass sie die Karriere nur in den allerseltensten Fällen dem Zufall zu verdanken haben. Karriere haben diejenigen gemacht, die ihre Karriere sorgfältig und unter Berücksichtigung ihrer Talente und Fähigkeiten geplant und die Planung in machbaren Zeitabschnitten umgesetzt haben.

Die einzelnen Karrierephasen sind jeweils begrenzt durch die aktuelle, persönliche Leistungsfähigkeit in den einzelnen Potenzialkategorien:

- Nachwuchskraft
- Fachkraft mit operationeller Prozessorientierung
- Spitzenkraft mit operationeller Prozessorientierung
- Spitzenkraft mit strategischer Prozessorientierung

Jede Potenzialkategorie setzt sich aus Anforderungen in den Bereichen der personalen, der Fach-, Methoden- und Sozialkompetenzen zusammen und stellt mit jeder Stufe höhere Anforderungen in allen den Kategorien zugehörigen Berufen.

Diese Fakten machen es notwendig, dass sich Human Resource Manager intensiv mit einer Stelle, deren Funktionen und den damit verbundenen Anforderungskriterien eingehend befassen und genauso mit den Personen verfahren, die sich für eine Stelle interessieren. Früher hatte man sich meistens mit Stellenbeschreibungen, die eine Art Zusammenfassung der Aufgaben, die im Rahmen einer Stelle gelöst werden müssen, befasst und diese Job-Descriptions mit den Bewerbern, die über irgendwelche AC-Tests in die engere Auswahl gekommen sind, besprochen.

Die modernen Auswahlverfahren gehen viel differenzierter auf die Eruierung der Anforderungen ein, die hinter jedem Prozess, der im Rahmen einer Stelle ausgeführt werden muss, als Schlüsselkriterien für die erfolgreiche Ausführung stehen.

In den vergangenen Jahren hatte man auch die Erkenntnis gewonnen, dass sich eine Person durch ein Personenprofil – auch in der ausgefeiltesten Testreihe – wohl kaum mit einer Wahrscheinlichkeit von über 60% festlegen lässt.

Der Imponderabilien sind zu viele: die momentane Stimmungslage, die gegenwärtige Situation, die Umgebung, die neuen Gesprächspartner, die neuen Gesichter der Kollegen etc., alles Einflüsse, welche die persönliche Disposition permanent ändern.

Weil dies unsere Gesellschaft prägt, hat sich das moderne Human Resource Management in Auswahlverfahren darauf konzentriert, auf der Grundlage der mit einer Stelle verbundenen Leistungserwartung Personen zu identifizieren, die nach einer intensiven Einführungszeit die meisten Erwartungen erfüllen. Die Vorgehensweise gliedert sich in drei Teile:

- Grobfilter (Abgleich Stellen-Personenprofil)
- Persönlichkeitstest mit Verhaltenspräferenzen
- Prozessorientiertes Kompetenzprofil

Ein Profilabgleich zwischen Stellenanforderungen und dem jeweiligen Personenprofil ist zweifellos für die optimale Besetzung eine erste Voraussetzung und dient in gewissem Sinne auch der Risikominimierung. Die definierten Kriterien bewegen sich in rudimentären Voraussetzungen, bzw. Erwartungen, die eine Person a priori erfüllen muss, um ein bestimmtes Leistungsziel überhaupt erreichen zu können. Ein mögliches Matching-Raster findet sich in der HR-Software Kompetenz-Kompass®[47], das auch im Verbund mit Jobangeboten über das Internet optimalen Nutzen leistet. Das Raster des Anforderungsprofils umfasst:

- Grundausbildung (über 3 Ausbildungsstufen)
- Höhere Fachausbildung (über 6 Stufen) mit Prüfungsbeurteilung
- Berufserfahrung mit Angabe des Kompetenzlevels (über 6 Stufen)
- Anzahl Ausbildungsstunden zu verschiedenen Diplomabschlüssen
- Fremdsprachen (mündlich, schriftlich) mit Qualitätsausprägung
- Erforderliche Fähigkeitszertifikate (max. 3 Scheine)
- Erforderliche Fach- und Methodenkompetenz (max. 3 Kriterien)
- Charakterausprägung (max. 3 Schlüsseleigenschaften)

Dieser Abgleich von Stellen- und Personenprofilen, dient den Unternehmen auch für Evaluationsverfahren innerhalb ihrer Belegschaft. Warum soll es in den eigenen Reihen nicht fähige Mitarbeiter geben, die eine neue Stelle einnehmen könnten?

---

[47] vgl. HR-Software Kompetenz-Kompass®, Funktionalitäten unter www.inolution.com

Bei der Nutzung des Matchings über Internet, werden nur jene Personen ihren Lebenslauf weitersenden können, deren Personenprofil zumindest dem Stellenprofil entspricht. Das System weist aber Internet-Bewerber nicht kategorisch zurück. Personen mit einer besseren Qualifikation als die Stelle erfordert, werden eingeladen, sich „offen", d.h. nicht auf die spezifische Stelle zu bewerben. Dadurch gelangen Unternehmen über dieses Verfahren zu interessanten Bewerbern, denen andere Stellen angeboten werden können.

Doch die Kehrseite ist ebenso interessant. Wer über diesen Grobfilter nicht ins Erwartungsprofil einer bestimmten Stelle passt, verursacht keine unnötigen und unproduktiven Administrationsaufgaben. Die Beispiele sind zuhauf bekannt, wo auf eine Stellenausschreibung über 400 Bewerbungen eingereicht werden, die einen administrativen Aufwand in den Selektionsphasen bis zu den letzten 5 in der engeren Wahl von mindestens 200 Stunden und zusätzlichen Kosten von gut 1000€ verursachen.

Die Vergabe von Stellen nach dem Loyalitäts- oder Beziehungsprinzip ist natürlich auch nicht das Gelbe vom Ei, wenngleich dieses fragwürdige Verfahren immer wieder praktiziert wird, doch zum Glück nur ganz selten erfolgreich ist; denn in irgendeiner Situation oder mehreren zeigt es sich, dass zur Bewältigung von Prozessen und damit verbundenen Problemen spezifische Kompetenzen notwendig sind.

Gegenwärtig finden sich genug Beispiele, wo Aufsichtsräte und Führungskräfte durch ihr Beziehungsnetz oder sog. „Königsmacher" in Firmen gewählt worden sind, ohne dass sie den leisesten Schimmer von den Kerngeschäften haben – oder hatten; denn viele dieser Firmen wurden durch deren Missmanagement und Versagen an allen Ecken und Enden zu Schrott gefahren und sind zwischenzeitlich liquidiert worden. Es hat kleine Firmen, aber auch grosse mit klingenden Namen getroffen.

Der grosse Karrieresprung nach amerikanischem Modell – vom Teller-wäscher oder Schuhputzer zum Firmenkönig – ist zwar immer noch möglich, aber auch nur ganz wenigen vorbehalten.

Wer an seiner Karriere und seinem Karrierplan arbeitet, sollte stets dafür besorgt sein, seine Kompetenz den Erwartungen eines Karrierjobs durch konzentriertes Lernen entsprechend zu erweitern, und zwar bevor er einen solchen Job antreten möchte. Karrierejobs kann man nicht als Plattformen des learning by doing betrachten. Karrierejobs setzen Erfahrungen und enorm grosse Kompetenz voraus.

Wer sich also für den Karriereweg in seinem Berufsleben entscheidet, muss diesen Entscheid rechtzeitig fällen; denn Karrieren auf der Stufe Nachwuchskraft werden im Alter von 25-30 Jahren, als Fachkraft im Alter von 25-35 Jahren und als Spitzenkraft im Alter von 35-50 Jahren angeboten. Die Tendenz der Verjüngung der Karrieristen ist steigend.

Jede Karrierestufe definiert sich durch eine bestimmte Zeit, in der eine präqualifizierte Person durch die Praxis Erfahrung sammelt und sich das notwendige Wissen im Bereich der Fach- und Methodenkompetenz aneignet. Die Präqualifikation beinhaltet die Eignungsabklärung bezüglich der personalen und sozialen Kompetenz als auch der funktionsspezifischen Fach- und Methodenkompetenz. Die Erfahrung zeigt, dass Kandidaten mit einem Kompetenzprofil, in dem 75-85 % der Anforderungen erfüllt werden, die besten Chancen, erfolgreich zu sein, eingeräumt werden.

Machtverhältnisse und Machtansprüche erkennen und nutzen

Macht ist eine bestimmte Art von Einfluss einer Person, Stellung oder Organisation, mit dem man sich - auch gegen den Willen anderer - durchsetzen kann. Macht und Einfluss sind im privaten Leben in einer Autoritätsstruktur, im Berufsleben in einer hierarchischen Struktur definiert.

M. Weber[48] hat sich Gedanken darüber gemacht, wie sich Herrschaft im Sinne von Machtanspruch gliedern lässt.

---

[48] vgl. Weber, M., Wirtschaft und Gesellschaft, 1972, Tübingen

Er kam zu folgender Unterteilung:

- legale Herrschaft, die sich auf eine legal entstandene Ordnung beruft. (Bei Weber der einzig zulässige Herrschaftsbegriff)
- traditionale Hierarchie, gründet auf geltenden Traditionen, z.B. Monarchien.
- charismatische Herrschaft, beruft sich auf aussergewöhnliche Qualitäten einer Persönlichkeit.

In der Literatur wird zwischen formalen und personalen Machtgrundlagen unterschieden. Bei formalen Machtgrundlagen ist die Einflussnahme an eine Position gebunden. Bei personalen Machtgrundlagen befähigen bestimmte Eigenschaften und Fähigkeiten oder Kompetenzen, auch ohne explizite Machterteilung, zur Einflussnahme gegenüber anderen.

French und Raven[49] entwickelten die bekannteste Typologie personaler Grundlagen der Macht. Sie gliederten aufgrund der Forschungsarbeiten die Macht in folgende Kategorien:

- Macht durch Bestrafung
- Macht durch Belohnung
- legitime Macht
- Vorbild-Macht
- Expertenmacht
- Informationsmacht

Macht erhält in der Wirtschaft derjenige, der aufgrund seiner Sozialisation und Qualifikation am ehesten die Ziele der Eigentümer erfüllen kann oder erfüllt. Mittel und Methoden zur Zielerreichung haben immer noch eine marginale Bedeutung. Unternehmen, die sich in gesättigten Marktverhältnissen der Gewinnmaximierung verschrieben haben, scheuen sich nicht, auch qualifizierte Mitarbeiter zum Zweck der Kostensenkung zu entlassen oder ganze Firmensitze ins kostengünstigere Ausland zu verlagern. Diese Tatsache muss man bei der Wahl eines Unternehmens als Arbeitgeber gebührend berücksichtigen.

---

[49] vgl. French, J.P.R./Raven, B.H., The bases of social power, in Cartwrightm D., (Hrsg.) Studies in social power, Ann Arbor, Mich., 1959.

Eine Sicherheit des Arbeitsplatzes, wie sie noch vor 20 Jahren Usanz war, gibt es heute nicht mehr. Die Risikominimierung liegt bei der Wahl solcher Berufe, deren Leistung man als qualifizierte Wertschöpfung im globalen Wirtschaftsnetz absetzen kann.

Je hochwertiger die Leistung ist, desto weniger Menschen können diese anbieten – umso gefragter ist eine solche Leistung. Insofern ist Wissen und Können ein bedeutender Machtfaktor geworden, der in zahlreichen Branchen sogar über die Existenz von Unternehmen entscheiden kann.

Die geringste Macht fällt demgemäss jenen Berufen zu, bei denen der Grossteil der Aufgaben repetitiven Charakter hat. Viele solcher Berufe sind durch die Entwicklung der Automation bereits wegrationalisiert worden. Weitere, vor allem im Dienstleistungsbereich, werden in den nächsten Jahren noch folgen.

Macht erhält aber auch der Mensch, der über wichtige Informationen verfügt, von deren Weitergabe andere abhängen. Insofern gewinnt in unserer Wissensgesellschaft derjenige, der schlicht und einfach mehr weiss und mehr kann als die anderen.

Die Macht einer einzelnen Stelle oder aller Stellen in einer Abteilung ist wieder davon abhängig, in wie weit es gelingt, eine gewisse Unabhängigkeit und damit aber auch Unersetzlichkeit zu erlangen.

Die Machtverhältnisse in einer Organisation entstehen ja nicht zufällig. Machtstrukturen sind gewachsene Formen verschiedener Machtgrundlagen, die sich über ihre jeweiligen Exponenten im Laufe der Zeit fest etabliert haben.

Bei der Wahl einer Stelle ist es deshalb auch angezeigt, sich die internen Machtstrukturen darlegen zu lassen; denn auf Stellenbezeichnungen allein kann man nicht abstellen. Manche Stelle wird mit hochtrabendem Namen angeboten, hinterfragt man aber die Funktion und ihre Einbettung in der Organisation wird einem schnell klar, dass es sich um eine Position ohne grosse Machtgrundlage handelt. Wer natürlich solche Jobs sucht, die ohne Macht ausgestattet sind, kann sich durchaus auch glücklich und wohl fühlen.

Wer sich allerdings auf eine Führungsaufgabe vorbereiten will, tut gut daran, sich auch eine Stelle zu suchen, die mit etwas Macht ausgestattet ist; denn nur in einer solchen Position kann er bedeutende Kompetenzpotenziale aufbauen und stärken. Zur Ausübung von Macht stehen den Machtinhabern folgende Methoden oder Machtmittel zur Verfügung:

- Überzeugung
- Belohnungen
- selektive Informationsweitergabe
- ökologischer Einfluss
- physischer Zwang
- Manipulation

Mintzberg[50] definierte die Machtpolitik durch die endlose Folge von Machtspielen, unter denen die folgenden 4 Typen besonders ausgeprägt praktiziert werden:

1. **Autoritätsspiele** Widersetzung von Autoritätsansprüchen und Widerstandsbruch
2. **Machtaufbauspiele** Machterringung über Sponsoren, Koalitionen etc.
3. **Rivalitätsspiele** Bekämpfung von Rivalen mit legalen und illegalen Mitteln
4. **Veränderungsspiele** Initiierung von organisatorischen und personellen Veränderungen um selbst Macht zu gewinnen

Viele machthungrige Personen kombinieren die einzelnen Machtspiele im Ansinnen, sich durch die eine oder andere Methode schneller den Machterfolg zu sichern. Nicht unerwähnt soll bleiben, dass derartige Machtspiele enorme Kräfte binden und die Leistungsfähigkeit der einzelnen Betroffenen bis zu 40% vermindern können.

---

[50] vgl. Mintzberg, H., Power in and around organizations, Englewood Cliffs, New York, 1983

Machtspiele finden in solchen Organisationen einen dankbaren Nährboden, die keine klare Human Resource Strategie haben, Verunsicherungen durch fehlende Informationen als Angstauslöser nutzen, um Leistungen indirekt steigern zu können. „Das Damoklesschwert über den Köpfen meiner Mitarbeiter, treibt sie automatisch zu besserer gegenseitiger Selbstkontrolle und höherer Leistung an", erklärte vor Jahren ein Unternehmer dem Autor. Diese kurzsichtige Ansicht fand nach dem sukzessiven Austritt der besten Mitarbeiter ein jähes Ende, das durch die Liquidation der Firma besiegelt wurde.

Bosetzky[51] untersuchte in Grossfirmen die Strategien der Machtgewinnung und fand folgende weitverbreiteten Arten:

- **aufgabenbezogener Aktivismus**
  mehr tun als andere

- **innovatorische Expansion**
  neue Märkte, Ideen, Produkte vorschlagen und entwickeln

- **innovatorische Rezeption**
  modische Managementkonzepte übernehmen

- **Schaffen von Unklarheiten**
  Verkomplizierung von Fakten, Zurückhalten von Informationen

- **Aufbau einer Hausmacht**
  Bildung von Interessengruppen und Koalitionen

Auch diese Machtgewinnungsprozesse können in Organisationen in Kombination betrieben werden und den „blinden" Mitarbeitern ganz schön die Suppe versalzen. Einmal mehr sei in diesem Zusammenhang das Wahrnehmungsvermögen erwähnt, mit dem man solche Mechanismen der Machtgewinnung relativ rasch entdeckt und sich entsprechend klug und /oder diplomatisch verhalten kann.

---

[51] vgl. Bosetzky, Horst, Prof. Soziologie, FH für Verwaltung und Rechtspflege, Berlin

In jüngster Zeit wird auch die Strategie der Machtreduktion stärker praktiziert. Probate Möglichkeiten sind:

- **Anhäufen / Zudecken mit e-mails**
  als Absorbtion von den tatsächlichen Aufgaben

- **konfliktauslösende Aktivitäten**
  als Mittel zu Verweigerungen

Macht und alles was dazu gehört, sind alltägliche Erscheinungen, denen wir in allen Formen des Zusammenlebens begegnen. Der Umgang mit den verschiedenen Arten der Macht lässt sich durch die einzelne Person definieren.

Der eine sucht Macht in seiner Originalität und singulären überragenden Leistung, etwa als Champion. Andere schwimmen eher im Kollektiv der weniger Machthungrigen und sind damit dennoch zufrieden.

Wieder andere suchen ausgesprochen Macht und sind bereit, dafür auch den Tribut zu zahlen, der durch die Regeln verlangt wird. Diese Kategorie von Menschen ist aber auch dem Risiko der Überforderungen und Enttäuschung stark ausgesetzt; denn nicht immer lassen sich die Machtansprüche in der vorgestellten und geplanten Weise erfüllen.

Die wohl schönste Art der Macht ist die der Macht über sich selbst. Hier gibt es praktisch nie ein Scheitern, weil diese Macht nicht von anderen abhängt. Wer seine Rollen nicht im Sinne von Ausübung von Macht erfüllt, sondern aus innerem Selbstengagement, erreicht wohl auch die höchste Stufe der Selbstzufriedenheit in seinem Leben.

Wenn dies nur endlich in die Köpfe der Menschen eingänge - es gäbe eine ganz andere Art von Zusammenleben, eine andere Form von Gemeinschaft, eine andere Sinngebung für das Leben an sich.

Konflikt, Frustration, Widersprüche und Stress als Blockaden der persönlichen Entwicklung

Aus dem Zusammenleben und Zusammenarbeiten der Menschen entstehen negative Faktoren, die das Verhalten der Menschen ungünstig beeinflussen und die persönliche Entwicklung hemmen.

Kubicek[52] definiert 3 Ebenen, in denen sich Konflikte entwickeln können:

- **Konflikte auf der Ebene Organisation – Umwelt**
  zwischen Ökologie und Ökonomie

- **Konflikte auf der Organisationsebene**
  zwischen Arbeitgeber und Arbeitnehmer, Management und Eigentümer

- **Konflikte auf der Gruppenebene**
  zwischen Führungs- und Fachkräften, Stab und Linie

Konflikte entstehen meistens nicht aus dem heiteren Himmel, sondern durch konfliktträchtige Situationen, die man, wenn man sie kennt, bereits im Vorfeld ihres Entstehens vermeiden kann.

Filley[53] hat durch Befragungen und Beobachtungen die folgenden Situationen eruiert:

1. Mindestens zwei Personen oder Gruppen interagieren miteinander

2. Es existieren einander ausschliessende Ziele, Mittel oder Methoden

3. Interaktionen mit dem Ziel, die andere Partei zu unterdrücken

4. Aktionen oder Reaktionen stehen in teilweisem Widerspruch

---

[52] vgl. Kubicek, H., Unternehmensziele, Zielkonflikte und Zielbildungsproz., Wist Nr. 10, 1981
[53] vgl. Filley, A.C., Interpersonal conflict resolution, Glenview, 1975

Eine weitere Kategorie von Konflikten entsteht aus den Rollen, mit denen sich Menschen identifizieren. Katz/Kahn unterscheiden nach eingehen-den Untersuchungen folgende Rollenkonflikte:

Intra-Sender-Konflikt
von ein und derselben Person werden Erwartungen provoziert, die nicht erfüllbar sind

Inter-Sender-Konflikt
von verschiedenen Sendern ausgehende Erwartungen, die nicht konform sind, derartige Konfliktsituationen treten z.B. bei Matrix-Organisationen auf

Inter-Rollen-Konflikt
Erwartungen, dass gleichzeitig verschiedene Rollen miteinander erfüllt werden können. Eine Ämterkumulation kann zu derartigen Konflikten führen, genauso wie notorische Forderungen Überzeit zu leisten, so dass die privaten Rollen über einen längeren Zeitraum nicht gelebt werden können.

Person-Rollen-Konflikt
Die Erwartungen sind unvereinbar mit den Werten, Motiven, Einstellungen und Fähigkeiten einer Person.

Zu problembehafteten Verhaltensweisen führen auch Überlastungen und Mehrdeutigkeiten von Rollen. Einen guten Nährboden für die Entstehung von Konflikten bieten die folgenden Konfliktursachen[54]:

- Zwei Gruppen hängen von denselben Ressourcen wie Finanzen, Wartungspersonal, Informationen etc. ab

- Ungleichgewicht zwischen zwei Gruppen bezüglich ihrer gegenseitigen Abhängigkeit

- Dominanz einer Gruppe auf einem oder mehreren Arbeitsgebieten

- statusniedere Gruppe gibt statushöherer Anweisungen

- konkurrierende Interessen, Einstellungen und Ziele

---

[54] vgl. Walton, 1987, Hellriegel/Slocum, 1986, Grunwald/Lilge, 1982, Katz/Kahn, 1986

- Unterschiede in der Wahrnehmung, z.B. Stab – Linie
- geteilte Verantwortung zwischen zwei Gruppen
- gleichgelagerte Gruppen arbeiten nach verschiedenen Regeln
- Anreizsysteme, die Gruppenegoismus fördern
- Organisationen mit unklaren, mehrdeutigen Verantwortungen, die eigenen Interpretationsspielraum offen lassen.
- Reorganisationsmassnahmen mit ungleichen Konsequenzen

Das Phänomen Konflikt wird in jüngster Zeit auch in der Betriebswirtschaft öfter zitiert, vornehmlich im Zusammenhang mit nachhaltigen Störungen in den Betriebsabläufen.

Nun ist aber keineswegs gesagt, dass Konflikte nur negative Auswirkungen auf Menschen und Organisationen haben. Ganz im Gegenteil, Konflikte erzeugen durchaus auch positive Verhaltensänderungen. Zu diesen positiven Folgen zählen nach verschiedenen Autoren[54]:

- Entwicklung neuer Energien, vor allem aus Wettbewerb
- stimuliert neue Ideen, weckt andere Interessen
- erhöht Gruppenzusammengehörigkeit
- führt zu besserer Selbstwahrnehmung
- führt zum Abbau von Spannungen, schafft klare Verhältnisse
- stellt Voraussetzung für organisatorischen Wandel dar

Die negativen Folgen stehen teilweise im Widerspruch zu den obenerwähnten positiven Folgen. Es sind dies vor allem:

- Instabilität und Verwirrung aus der Sicht der Organisation
- Stress und Unzufriedenheit beim Individuum
- Funktionsstörungen im Organisationsablauf
- Störungen der Kommunikation und Kooperation
- Vergeudung von Ressourcen
- Wahrnehmungsverzerrungen als Folge rückläufiger Interaktionen
- Abnahme an Rationalität und Aufbau von Emotionalität

Jedenfalls zeigen Untersuchungen im Zusammenhang mit Konfliktniveau und Effizienz in einer Organisation, dass die Effizienz bei mittlerem Konfliktniveau am höchsten ist.

Offensichtlich braucht der Mensch eine Portion Konflikt, um seine Effizienz zu optimieren, was in den folgenden Formeln nach Kast/Rosenzweig wiedergegeben werden kann:

Niedriges Konfliktniveau = niedrige Effizienz

Mittleres Konfliktniveau = hohe Effizienz

Grosses Konfliktbniveau = niedrige Effizienz

Um ein zufriedenstellendes Gleichgewicht bei den Konfliktpotenzialen zu erhalten, sollte man sich zuweilen der Mechanismen bedienen, die Konflikte mindern:

1. Konfliktursache beseitigen
2. Verniedlichung des Konflikts
3. Gemeinsame Definition eines Oberziels
4. Verhandlungen
5. Konfrontation als Mittel zum Zwang zur Auseinandersetzung
6. Drittparteienurteil
7. Förderung der Kommunikation
8. Belohnung
9. Vermeiden von Gewinn-Verlust-Situationen

Der Umgang mit Konflikten bleibt dem Menschen also keineswegs erspart. Allein das Wissen um die Entstehung und latente Existenz von konfliktträchtigen Situationen ist schon Hilfe im Umgang mit Konflikten und erspart viel Frustration.

Womit wir bei einem zweiten Blockadefaktor der eigenen Leistungsentfaltung wären: der Frustration.

Frustration entsteht aus dem Umstand, dass eine Zielerreichung durch äussere, selbst nicht beeinflussbare Hindernisse nicht in der vorgestellten Art und Weise erreicht werden kann.

Frustrationen haben je nach Disposition der betroffenen Person ganz unterschiedliche Verhaltenskonsequenzen - die einen suchen nach Lösun-gen zur Überwindung der Hindernisse, andere reagieren eher destruktiv. Luthans[55] beschreibt folgende Reaktionsformen:

> **Aggression**
>
> Ein Teil frustrierter Menschen reagiert durch Aggressionen, die sich gegen Objekte oder Personen richten können. Sie können sich z.B. in mutwilligen Zerstörungen auch indirekt gegen sich richten. Vielfach versuchen aggressive Menschen, die oft ihre Selbstkontrolle zumindest teilweise verloren haben, anderen Schaden zuzufügen.

Quellen für Aggression und damit verbundenen Gewalttaten sind:

- *Angst*, die auf eine wirkliche oder angenommene Bedrohung eintritt
- *Verdrängung und Projektion* eigener Aggressionsneigungen
- *Strafe*, die beim Bestraften Gegenreaktionen auslöst
- *Neid, Eifersucht, Gier, Fanatismus* und andere Emotionen
- *Schwund gemeinsamer Wertbegriffe*, z.B. bei Firmen, die liqui-diert werden
- *Darstellung von Gewalt* in den Massenmedien
- *Alkohol und Drogen*
- *Fehlen zwischenmenschlicher Bindungen*
- *Konsumsucht*
- *Aggressive Erziehung zum Aggressionsverzicht*

---

[55] vgl. Luthans, F., Organizational behavior, 4 Aufl., Tokio, 1985

> **Regression (Rückzug)**
>
> Beobachtungen haben gezeigt, dass zahlreiche Menschen, die sich bewusst werden, dass sie bestimmte Ziele innerhalb der Vorgabelimiten nicht erreichen können, sich zurückziehen auf Ziele, die eher erreichbar sind. Kombiniert wird dieses Verhalten oft mit Resignation und Desinteresse an der Arbeit.

> **Fixierung**
>
> Eine Gruppe von Menschen, die zwar erkennt, dass das Ziel mit den gewählten Methoden nicht erreichbar sein wird, versteift sich dennoch auf die Fortführung des Prozesses.

> **Rechtfertigung**
>
> Manche Individuen versuchen, den Misserfolg als Erfolg umzudeuten, z.B. dadurch, dass das ursprüngliche Ziel einfach neu formuliert wird unter Substituierung der wahren Gründe.

Stress blockiert die Handlungsfähigkeit

Ähnlich wie bei Frustrationen entsteht der Stress aus einer Interaktion zwischen einer Person und einer Situation, die unbefriedigend verläuft. Den Begriff „Stress" kreierte Hans Selye[56]. Er definierte in seinem Buch „Stress" den Stress als die unspezifische Reaktion des Organismus auf jede an ihn gerichtete Anforderung und differenziert den distress als unangenehm verlaufenden und den eustress als angenehm verlaufenden Stress.

Viele Situationen, die bei Personen zu Stress im Sinne von distress führen, verursachen die Personen selbst, indem sie sich z.B. durch unrealistische Zielsetzungen unter Druck setzen lassen. Ein mentaler distress entsteht dann, wenn das Individuum wahrnimmt, dass es gewisse Ziele nicht erreichen kann - aber niemanden findet, der ihm die meistens selbst auferlegte Bürde abnimmt.

---

[56] Selye, Hans, University of Montreal

Zukunftsorientierte Selbstentwicklung durch Nutzung des Kompetenz-Navigators

Wir haben bereits einiges über uns Menschen und unsere Verhaltensweisen in bestimmten Situationen und unter bestimmten Umständen kennengelernt. Diese Gedanken erheben nicht den Anspruch auf Vollständigkeit. So wie die Wissenschaft aus Forschung und Beobachtung immer wieder neue Erkenntnisse zu Tage fördert, wird sich auch unser Verhalten ändern und unbewusst oder bewusst steuern lassen.

Eine Trendtendenz wird sich mit grösster Wahrscheinlichkeit weiter entwickeln:

- der Mensch wird noch viel stärker in den Konkurrenzkampf einbezogen.
- Die Lebensqualität wird neu definiert werden müssen.
- Der Mensch steht im globalen Wettbewerb zu seinesgleichen, was an ihn auch höhere Kommunikationsansprüche stellen wird.
- Die Arbeit wird nicht mehr ausreichen, allen Menschen einen Arbeitsplatz in Vollzeit zu sichern.
- Unternehmen werden immer stärker interne und externe Wissensquellen in ihre Organisation integrieren.
- Die Wissensbilanzierung wird für den einzelnen Menschen als auch für die Unternehmen eine unabdingbare Aufgabe auf dem Weg der Sicherung ihrer Existenz.
- Das organische Wachstum und die organische Entwicklung sind für die Menschen die beste Ausgangslage für die Sicherstellung der Kontinuität der einzelnen Lebensphasen.

Das grösste Kräftepotenzial für menschengerechte Veränderungen auf dieser Welt besitzt der Mensch selbst. Durch konsequente Nutzung der Kompetenz-Navigation wird sich der Erfolg einstellen!

4. Personal Profiling –
die strukturierte Auseinandersetzung mit den eigenen strategischen Kompetenzpotenzialen

- *Rolle von Selbst- und Fremdbild*
- *Ziele, Selbstreflexion und Verhalten im motivationalen Prozess*
- *Grundüberlegungen für Unternehmen und Individuen*
- *Aspekte einer individuellen Groborientierung*

In den vorangegangenen Kapiteln haben wir verdeutlicht, welche Bedürfnisse und Defizite in unserem Handeln wirken, haben uns mit verschiedenen Rollen, auch in unterschiedlichen Lebensabschnitten, befasst und sind so der Frage, „Wer bin ich?" und „Wer will ich sein?" näher gekommen. Einer Frage, die mit Selbst- und Fremdbild, aber auch mit dem sogenannten Selbstwertgefühl und Aspekten der Selbstwirksamkeit zu tun hat.

Rolle von Selbst- und Fremdbild

All diese Aspekte hängen mit dem sogenannten Selbstkonzept zusammen, das sich aus spezifischen Einheiten aufbaut:

dem Körperschema	einer internen Abbildungen der raumzeitlichen Dimensionen und Koordinaten des eigenen Körpers; ein permanent wirkendes Bezugssystem der Sensomotorik; das durch den Lernprozess erweiterbar ist. Dahinter verbergen sich etwa Aspekte, dass sich der Einschätzende zu dick, zu dünn, schön etc. erlebt oder andererseits bestimmte Aspekte seines eigenen Körpers nicht wahrnimmt.

dem Selbstverständnis	einer internen Abbildung psychophysischer Zustände (z.B. Stress), Vorgänge und Eigenschaften, die dem Individuum eigen sind, und zwar als: • subjektive Identität *(wer bin ich, was kann ich, was weiss ich?)* • zugeschriebene Identität *(was halten andere von mir, meinem Können, meinem Wissen? Was glaube ich, was andere von mir halten)* als Bewertung, Kritik, Lob • Selbstkonfidenz bezogen auf eine Anforderung oder auf eine eigeninitiierte Gestaltung *(bin ich der Anforderung / Gestaltung gewachsen, was traue ich mir zu, reichen mein Können und Wissen dafür aus?)*
dem Selbstideal	interne Bezugssetzung, in der Umwelt vorfindbarer Maxime, Normen, „Sollwerte" zum eigenen Verhalten *(ich möchte sein)*. Zielvorstellung individueller Strebungen und gleichzeitig Bezugssystem der Selbsteinschätzung. *Liegt meine innere Messlatte immer höher als der durchschnittliche Anspruch? Will ich immer perfekter als andere sein, „klettere ich ein Leben lang auf selbstvorgestellte Berge (Aufgaben) und komme nie an, weil ich zu perfekt sein will - Fragen aus dem Bereich des Selbstideals.*

Sein eigenes Selbstkonzept zu kennen, Selbstbild und Fremdbild abzugleichen und immer wieder auch auf den Prüfstand zu stellen, ist eine wesentliche Grundvoraussetzung für eine erfolgreiche Kompetenz-Navigation. Einige Vorschläge, wie Sie diesen Prozess vollziehen können, finden Sie im Punkt „Aspekte einer individuellen Groborientierung" dieses Kapitels.

Das Selbstbild stellt die wesentliche Handlungsgrundlage unseres Tuns dar. Nicht immer stimmen jedoch Selbstbild und Realbild überein; an einigen Stellen erscheint unser Selbstbild verzerrt. In Anlehnung an Birkenbihl[57] kann man dieses Phänomen „Graue Maus" oder „Rosa Riese" nennen. Die Graue Maus unterschätzt sich, der Rosa Riese überschätzt sich. Mit welchen Konsequenzen?

Versetzen Sie sich in die folgenden Situationen:

Sie bewältigen Ihr durchschnittliches Arbeitspensum, Ihre Prüfungen und Ihre Aufgaben in den Augen der Anderen immer zur Zufriedenheit, immer im angemessenen Zeitrahmen. Wenn sie jetzt aber vor jeder neuen Aufgabe kommunizieren, dass sie die Aufgabe nicht schaffen, bei der Prüfung bestimmt durchfallen, etc. verlieren Sie Ihre Glaubwürdigkeit. Frage: Wer unterstützt Sie, wenn es wirklich mal „ernst wird"?

„Das schaffe ich schon, das mache ich mit Links, morgen haben Sie die Unterlagen". Es wird übermorgen, vielleicht auch später, ein „Rosa Riese" war am Werk. Sicher einmal kann und wird das den meisten Menschen passieren. Wenn dies aber zur Regel wird, verlieren Sie Vertrauen und Glaubwürdigkeit.

Diese vereinfachten Beispiele sollen verdeutlichen, dass im beruflichen wie im privaten Alltag ein richtiges Mass an Selbsteinschätzung von grosser Bedeutung ist. Gibt es gravierende Abweichungen von dem, wie wir uns selbst wahrnehmen und dem, was wir tun und wie uns andere erleben, leiden Kommunikation, Vertrauen und Glaubwürdigkeit.

---

[57] vgl. Birkenbihl, V. F., Kommunikationstraining, zwischenmenschliche Beziehungen gestalten, mvg-Verlag, 12. Auflage, 1992

Bei der unternehmensseitigen Betrachtung der Aspekte zu Selbst- und Fremdbild fallen mehrere Begrifflichkeiten auf, die zunehmend von Bedeutung sind. Weinert[58] beschreibt drei wesentliche Kategorien, die Selbstwirksamkeit, die Selbstwertschätzung und die Selbststeuerung.

Selbstwirksamkeit (self efficacy)

Selbstwirksamkeit ist die individuell unterschiedlich ausgeprägte Überzeugung, dass man in einer bestimmten Situation die angemessene Leistung erbringen kann. Dieses Gefühl einer Person bezüglich ihrer Fähigkeit beeinflusst ihre Wahrnehmung, ihre Motivation und ihre Leistung.

Die Beurteilung unserer Selbstwirksamkeit hängt von unseren tatsächlichen Leistungen ab. Aber weiterhin auch von Beobachtungen der Leistungen anderer, von eigenen Überzeugungen und von unseren emotionalen Zuständen, während wir über eine Aufgabe nachdenken.

Ursprünglich war dieses Konzept von Bandura definiert als „Selbstwahrnehmung einer Person", wie gut sie mit neuen Situationen meint, umgehen zu können. Darin hebt sich im positiven Sinne der Begriff des Copings auf. Inzwischen haben einige Untersuchungen gezeigt (vgl. u.a. Gist und Mitchell[59]), dass Personen, die in dieser Dimension eine hohe Ausprägung aufweisen, somit sich der Aufgabe gewachsen fühlen, bessere Leistungen erzielen als solche, die glauben zu scheitern. Neben Leistungsaspekten erscheinen diese Personen auch weniger stressanfällig als andere.

Eng zusammen hängt dieses Konzept mit einem starken aufgabenspezifischen Moment mit dem eher globalen Persönlichkeitsbegriff der Selbstwertschätzung.

---

[58] vgl. Weinert, A., Organisationspsychologie ein Lehrbuch, Beltz Psychologische Verlagsunion, 4. völlig überarbeitete Auflage, 1998
[59] vgl. Gist, M. E., Mitchell, T. R., Self-efficiency: A theoretical analysis of its determinants, Academy of Management Review, 17(2)183-211, 1992

Selbstwertschätzung (Self-Esteem)

Die Selbstwertschätzung bezieht sich auf die wahrgenommene Kompetenz und auf sein Selbstbild, entsteht also aus stabilen und situationalen Aspekten. Durch die Komponente der wahrgenommenen Kompetenz entsteht ein subjektiver Eindruck. Was macht diese Dimension aus?

Zwei Kurzsituationen sollen in das Problemfeld einführen.

Seit knapp 6 Monaten sind Sie unfreiwillig ohne Beschäftigung. Bewerbungen haben Sie zu Hauf geschrieben, auch heute liegt in der Post wieder ein Umschlag mit Ihren zurückgeschickten Unterlagen und einem hektographischen Schreiben bei, dessen Inhalt allen andern gleicht und den sie schon fast auswendig kennen, „...danke für die Bewerbung, aber leider kein Bedarf..."
Was passiert mit Ihrem Selbstwertgefühl?

Seit knapp 6 Monaten sind Sie unfreiwillig ohne Beschäftigung. Bewerbungen haben Sie zu Hauf geschrieben, heute liegt in der Post ein Umschlag der Felix Meyer AG, bei der Sie sich in der vorigen Woche beworben haben. Nervös und neugierig öffnen Sie den Umschlag, „...danke für Ihre Bewerbung, wir würden Sie am Freitag, 10. April um 10.00 Uhr gern zu einem persönlichen Gespräch einladen, um Sie besser kennenzulernen..."
Was passiert in diesem Fall mit Ihrem Selbstwertgefühl?

Das Selbstwertgefühl ergibt sich, sehr vereinfacht gesagt, aus der Formel „Erfolg dividiert durch Anspruch/Erwartungen" und ist nicht dauerhaft stabil, weil zum einen Erfolge werte- und wertesystemabhängig sind und zum anderen sich auch Ansprüche/Erwartungen in einzelnen Lebensphasen alters- und rollenbedingt verändern. Dabei spielen bei Werten individuelle Werte (vgl. Selbstideal) eine ebenso grosse Rolle wie gesellschaftliche Werte und Wertestrukturen oder auch Wertestrukturen von Organisationen. Dadurch entsteht ein Teil der Ängste bei Veränderungsprozessen in Organisationen, besonders bei Fusionen und Übernahmen (vgl. Czichos[60]).

---

[60] vgl. Czichos, R., Change Management, Ernst Reinhardt Verlag, Basel/München, 1993

Betrachtet man den Aspekt „Erfolg" aus einer anderen Perspektive, nämlich aus der Position, wie schaffe ich mir Erfolge, kann es gelingen, typische Teufelskreise, die etwa durch folgenden Gedankengang entstehen:

...Ich habe keinen Job, darunter leidet mein Selbstwertgefühl, dadurch bin ich auch in Bewerbungssituationen wenig selbstsicher und weil ich wenig selbstsicher auftrete, bekomme ich auch keinen neuen Job... zu durchbrechen.

Realistische Ziele und die Akzeptanz von Teilerfolgen können viel dazu beitragen, Selbstwertschätzung wieder aufzubauen. Andere Einflussgrössen auf das Selbstwertgefühl sind die Fragen der Anerkennung der Person (auch unabhängig von der Anerkennung der Leistung) und persönlicher Merkmale wie Unsicherheitstoleranz etc. Im beruflichen Alltag konnten verschiedene Autoren, darunter Brockner[61], den Einfluss des Selbstwertgefühls verdeutlichen.

Eine Person mit einer hohen Selbstwertschätzung (selbst wahrgenommene Kompetenzen, Identität) glaubt an Erfolg, geht höhere Risiken bei der Wahl eines Beschäftigungsverhältnisses ein und wählt eher konventionelle Arbeitsrollen. Eine Person mit einer niedrigen Selbstwertschätzung sucht verstärkt Bestätigung für ihr eigenes Tun durch Dritte, ist abhängig von der Bewertung anderer und passt sich Vorbildern stark an.

Selbststeuerung

Selbststeuerung ist die Fähigkeit, eigenes Verhalten Situationen anpassen zu können und eine gewisse Sensibilität bei der Wahrnehmung von Situationen zu entwickeln.

Wie gut können Sie sich z.B. auf sich verändernde Bedingungen in Gesprächen einstellen? Wie gehen Sie damit um, dass jemand nicht erwartungskonform reagiert? Haben Sie manchmal das Gefühl, dass Ihre Gespräche immer nach dem gleichen „Strickmuster" ablaufen?

---

[61] vgl. Brockner, J., Self-Esteem at work, Lexington Books, Lexington, MA, 1988

Personen, die einen hohen Wert in der Dimension Selbststeuerung erreichen, nehmen sehr sensibel Hinweise der jeweiligen Partner in der Situation auf und verfügen über ein breites Verhaltensrepertuar, das ein flexibles und adäquates Reagieren möglich macht.

Ziele, Verhaltensursachen, Selbstreflexion im motivationalen Prozess

Die Grundgedanken zu Selbst- und Fremdbildern als eine Verhaltensgrundlage ziehen automatisch die Betrachtungen zum Entstehen von Handlungen, zu Zielen und Ansprüchen nach sich. Sowohl die Frage des Selbstwertes und der Selbstwirksamkeit, als auch die Fragen der Zielsetzung und der Ursachenzuschreibung für Erfolg und Misserfolg sind eingebettet in den Prozess motivierten Handelns, der nach Heckhausen[62] kurz dargestellt werden soll, weil er für ein individuelles Profiling wichtig erscheint. Mit der Darstellung des Prozesses soll verdeutlicht werden, dass Handlungen in einem komplexen Zusammenspiel verschiedener Komponenten eingebettet sind und auch die Zufriedenheit (beruflich wie privat) das Ergebnis und gleichzeitig der Ausgangspunkt für weitere Veränderungen sein kann.

Moderatoren - Selbstwirksamkeit - Rückmeldung - Aufgabenkomplexität		Wahrgenommene Gerechtigkeit - Verfahren - Verteilung	
Motivationale Tendenz - Valenz - Instrumentalität - Erwartung	Zielsetzung - Herausfordernd - Spezifisch - Bindung	Handeln - Handlungs- vs. - Lageorientierung - Selbstregulation	Konsequenzen - Gehalt - Anerkennung - Leistungserlebnis
	Zufriedenheit	Kausalattribution - Internal oder External - Stabil - Variabel	

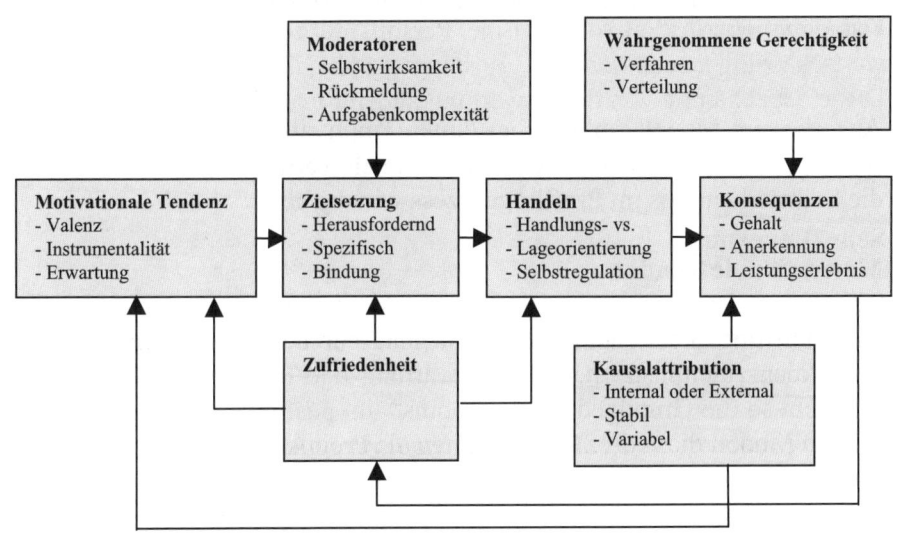

Abb 1: Regelkreis motivierten Handelns in Anlehnung an Heckhausen[62]

---

[62] vgl. Heckhausen, H., Motivation und Handeln, Verlag Springer, Berlin/Heidelberg, 1989

Was bedeutet dies nun für das individuelle Kompetenzprofiling? Als Anregungen dienen einige ausgewählte Fragen in den Kästchen.

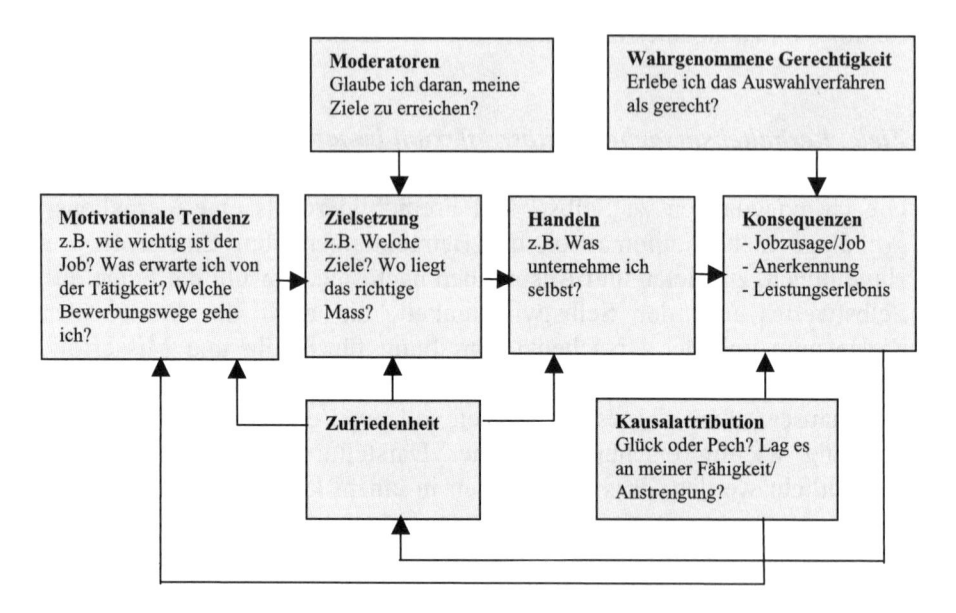

Abb. 2: Modell nach Heckhausen mit ausgewählten konkreten Fragen für die Kompetenznavigation

Aus diesem Modell sollen die Punkte motivationale Tendenz, Zielsetzung und Ursachenzuschreibung nochmals vertieft werden, da sie für die Selbsterkenntnis im Profilingprozess wichtig sind.

Motivationale Tendenz

Die motivationale Tendenz speist sich aus drei wesentlichen Quellen: Der Valenz, der Instrumentalitätserwartung und der Ergebniserwartung und hebt so die Grundgedanken Vrooms[63] im positiven Sinne auf, der in seinem Modell diese drei Komponenten als Produkt verknüpft.

---

[63] vgl. Vroom, V. H., Work and motivation, New York, 1964

Zielsetzung

Bei der individuellen Zielsetzung sollte das **„Smart"**-Prinzip gelten:

Spezifisch - weil besser als vage Ziele. Je konkreter Sie Ziel und Zielzustand beschreiben können, desto besser werden Sie sich über die Wege dorthin im Klaren.
Messbar - weil Sie dann eine Stellgrösse haben, um zu kontrollieren wie weit Sie im „Soll" liegen.
Angemessen - weil die Ziele dann nach Ihrem individuellen Zuschnitt folgen und Über- oder Unterforderung vermieden werden.
Realisierbar - weil Sie dann auch am „Gipfel" ankommen und nicht endlos ohne Erfolg „klettern".
Terminiert - weil Sie dann frühzeitig eine „Aufschieberitis" erkennen.

Andere Autoren wie Hacker[64], Locke & Lathem[65] benennen einige wietere wesentliche Aspekte der Zielsetzung und den daraus resultierenden Konsequenzen auch für den betrieblichen Zielsetzungs- und Vereinbarungsprozess.

Ursachenzuschreibung

Allgemein bedeutet Attribution Ursachenzuschreibung. Die Attributionstheorie beschäftigt sich damit, wie Menschen sich Sachverhalte erklären, Ursachen zuschreiben („Kausalattribution" – „Ursachenzuschreibung").

Kelley (vgl. Stroebe[66]) als einer der Hauptvertreter dieser Richtung grenzt die AT zu anderen Motivationstheorien ab, indem er sie als Theorie der Beziehung zwischen persönlicher Wahrnehmung und zwischen-persönli-chem Verhalten bezeichnet.

---

[64] vgl. Hacker, W., Ziele - eine vergessene psychologische Schlüsselvariable? Zur antriebsregulatorischen Potenz von Tätigkeitsinhalten, Psychologie für die Praxis, 2, 5-26, 1983

[65] vgl. Locke, E. A. & Latham, G. P., A theory of goal setting and task performance, N. J. Prentice Hall, Englewood Cliffs, 1990

[66] vgl. Stroebe, W., Hewstone, M. & Stephenson, G. M., (Hrsg.), Sozialpsychologie, Springer Verlag, Heidelberg, 1997

Welche Aspekte sind wichtig für das individuelle Profiling? Die Attributionstheorie besitzt (vgl. verschiedene Autoren, Kelley[67], Weiner[68]) 3 Dimensionen:

- **Kontrollierbarkeit des Ergebnisses (ja - nein)**
  z.B.: Ist das Ergebnis beeinflussbar?
- **Ort der Kontrolle (internal - external)**
  z.B. Kann ich selbst das Ergebnis beeinflussen?
- **Zeitliche Stabilität (stabil - temporär)**
  z.B. Welche Rolle spielt die augenblickliche Situation?

Verallgemeinert lassen sich daraus folgende Kombinationen bilden:

unkontrollierbar, external, temporär:	Glück, Pech
unkontrollierbar, internal, stabil:	Fähigkeit
kontrollierbar, internal. temporär:	Anstrengung
external, stabil:	Aufgabenschwierigkeit

Nehmen Sie sich nun kurz Zeit für die Beantwortung einiger Fragen, die als Anregung dienen sollen für die Formulierung weiterer Fragen und Ihnen erleichtern sollen, Ihre Attribuierungen zu finden.

Kennen Sie Ihre eigenen Attribuierungsmuster? Wen nehmen sie nach Erfolg oder Misserfolg in die „Pflicht"- sich selbst oder Ihren Chef? Lief das Verkaufsgespräch schief, weil Sie sich nicht genügend vorbereitet waren oder weil Ihnen die vier Stufen des Verkaufsgespräches bis heute in der Umsetzung nicht ganz verständlich sind?
Wie stabil sind ihre Ursachenzuschreibungen?

---

[67] vgl. Kelley, H. H., The process of causal attribuation, Ameican Psychologist, 28, 107-128, 1973
[68] vgl. Weiner, B., Human motivation, Springer Verlag, New York, 1985

Ein wesentlicher Aspekt in der Motivationsforschung ist die Frage der Motivgebundenheit von Attribuierungsmustern. Ohne an dieser Stelle vertiefender darauf einzugehen, soll die nachfolgende Tabelle nochmals den Zusammenhang zur bereits diskutierten Dimension des Selbstwertes darstellen.

	Erfolgsmotivierte	**Misserfolgsmotivierte**
Erfolg	internale Faktoren (vor allem gute Fähigkeit)	Externale Faktoren (Glück, Aufgabenleichtigkeit)
Misserfolg	kontrollierbare Faktoren (vor allem unzureichende Anstrengung)	als kaum änderbar (mangelnde Fähigkeit und zu grosse Aufgabenschwierigkeit)
Attribuierungsmuster	übliche selbstwertdienliche Attribuierung	Attribuierungsmuster das nach Erfolg kaum aufmuntert und nach Misserfolg entmutigt und dem eigenen Selbstwertgefühl abträglich ist.

Damit entstehen durch die Motivgebundenheit der Attribuierung bestimmte Muster. Wer dazu neigt, Erfolge immer internal, Misserfolge immer external zu attribuieren, wird schnell ein „Rosa Riese", wer Erfolge immer external (Glück, Pech, etc.) zuschreibt, Misserfolge aber internal (Fähigkeiten), wirkt einer Selbstwertstabilisierung entgegen.

Erwähnenswert erscheint an dieser Stelle noch, dass Motivation und Emotion „zwei Seiten einer Medaille" sind. So empfinden wir, wenn wir z.B. unsere Fähigkeit als Ursache für Erfolg oder Misserfolg sehen Stolz oder Scham, wenn wir die Ursache bei anderen Personen suchen Dankbarkeit oder Aggressivität in Abhängigkeit von Erfolg oder Misserfolg.

Grundüberlegungen für Unternehmen und Individuen

a) Die Person-Job-Fit-Theorie von Holland und deren Konsequenzen

Holland[69] postuliert mit seiner Theorie, dass Personen dazu neigen, Berufen zuzustreben, die ihnen eine Arbeitsumwelt bieten, die kongruent ist mit ihren wesentlichen Persönlichkeitsmerkmalen und somit ein Fit zwischen eigenen Merkmalen und beruflicher Umwelt vollziehen. Holland unterscheidet sechs Persönlichkeitstypen:

- realistischer Typ
- Forschertyp
- künstlerischer Typ
- sozialer Typ
- unternehmerischer Typ
- konventioneller Typ

Diese Klassifikation ist normalerweise selten so ausgeprägt, dass nur eine Typbeschreibung hinreichend wäre. Meistens entstehen Typenmuster (Kombinationen), die Holland noch in Beziehung zur Arbeitsumwelt setzt. Auf der Basis dieses Person-Job-Fit-Modells zieht Holland (nach Weinert[58]) drei wesentliche Schlussfolgerungen:

1	Kongruente Personen sind zufriedener, werden weniger Versuche unternehmen, die Arbeitsumwelt zu beeinflussen.
2	Inkongruente Personen werden von dominanter Umwelt in Richtung Kongruenz beeinflusst.
3	Personen mit Konsistenten und differenzierten Mustern werden in inkongruenten Umweltsituationen eher etwas zu verändern suchen oder gehen.

Generelle Aussagen sind für den Leser mit vertiefendem Interesse bei Holland und in dessen Klassifikationsschema nachlesbar.

---

[69] vgl. Holland, J. L., Making vocational choices: A theorie of vocational personalities and work environments, 2nd ed., Prentice Hall, Englewood Cliffs, 1985

Generell kann man jedoch von zwei Arten von Fit unterscheiden (vgl. Weinert[58]):

1. Eine Übereinstimmung zwischen Erwartungen, Bedürfnissen und Werten einer Person einerseits und den Umständen, Gelegenheiten und Chancen, mit denen die Umwelt diese erfüllen kann.

Was kann dies konkret heissen?
Hierzu einige Fragestellungen:
Kann das Unternehmen meine Wünsche nach Teilzeitarbeit respektieren? Kann das Unternehmen meine Integration in ein Team realisieren und wie sieht dies konkret aus? Passt meine politische Grundhaltung zu dem ausgesuchten Arbeitgeber?

Wesentlich erscheint diese Standortbestimmung zu den eigenen Positionen besonders deshalb, weil enttäuschte Erwartungen sich negativ auswirken, schnell zu Frustrationen führen.

Werden Sie sich über Ihre Erwartungen an Tätigkeit - aber auch an den Arbeitgeber - im Klaren! Auch dazu ein paar Anregungen, die Sie beliebig ergänzen können:
Kleinunternehmen-Mittelständler-Konzern?
Medienbranche - Finanzdienstleister - Bundeswehr - etc?
Kochen im Gartenrestaurant um die Ecke oder im Grand Hotel?
Unterrichten an einer Privatschule oder am städtischen Gymnasium?

2. Eine Übereinstimmung zwischen den Forderungen der Umwelt und den Fähigkeiten und Möglichkeiten des einzelnen Menschen, diese zu erfüllen. Dies ist der Abgleich zwischen den Anforderungen des Unternehmens / der Organisation, und den eigenen Leistungsvoraussetzungen oder dem Qualifikationsprofil.

Was kann ich wirklich?- z.B. verhandlungssicher in Englisch? Wann habe ich die in der Ausschreibung geforderte Kreativität wirklich unter Beweis gestellt? Stimmen die geforderten Mindestanforderungen in groben Zügen überein?

Hinter diesem „doppelten Fit" verbirgt sich der Auswahl- und Passungsprozess für/zu Unternehmen.

Kriterien	**Zufriedenheit**		**Leistungshöhe**
Beruf / Tätigkeit ↕	Befriedigungsmöglichkeiten	+	Leistungsanforderungen
Personen	Bedürfnisse/Ziele/ Interessen	+	Leistungsvoraussetzungen

Abb 3: Betrieblicher Eignungsprozess in Anlehnung an Jäger[70]

Um dieses Fit zu realisieren, lassen sich abschliessend Aspekte der Komplexität von Personalentscheidungen verdeutlichen:

Die Formung der Organisation durch die Person wird besonders durch Schneiders[71] ASA- Theorie pointiert formuliert. Durch die Anziehung (**A**ttraction) bestimmter Personentypen, durch die Auswahl (**S**elektion) und ihren Verbleib (**A**ttrition) in der Organisation der individuell und selektiv ist, entstehen spezifische Einheiten zwischen Person und Organisation. Damit sind natürlich weitere Fragen verbunden, die vom Personalmarketing über die Formung durch Training bis hin zur gezielten Bindung von Mitarbeitern reicht.

---

[70] vgl. Jäger, R. S. & Petermann, F., (Hrsg.), Psychologische Diagnostik – Ein Lehrbuch, Beltz Verlag, Weinheim, 1999
[71] vgl. Schneider, B. The people make the place. Personnel Psychology, 40, pp. 437-453, 1987

Auf *individueller* Seite sind folgende Komponenten prägend:

Fachliches Know-how	Soziales Know-how
Führungs- und Managementqualifikationen	
In Abhängigkeit von der Position	
Motivationsstrukturen und Zielsetzungen	
Lebenslaufphasen	Privates Umfeld

Auf der Seite des Unternehmens bestimmen folgende Komponenten die Personalentscheidungen wesentlich:

Positionsanforderungen	Organisationsstruktur
Strategie- und Erfolgsfaktoren	Mitarbeiterstruktur
Unternehmenskultur und –werte, Förderungs- und Anreizbedingungen	

b) verhaltensorientiertes Self-Assessments

Diagnostische Prozesse unter dem Fokus der ganzheitlichen Handlungsorientierung zu implementieren, die dem Veränderungscharakter Rechnung tragen, stellt eine wesentliche Anforderung dar. Selbstkontrolle und Verantwortung sind seit den 90er Jahren Schlüsselbegriffe der Organisationsentwicklung und -gestaltung geworden.

Aspekte der Selbstbewertung von Personen vor einem spezifischen Unternehmenshintergrund gewinnen demnach zunehmend an Bedeutung, besonders in der internen Personalentwicklung. In diesem Prozess steht das individuelle Kennenlernen von Situationen der möglicherweise angestrebten Entwicklungsebene und deren Einschätzung als Simulationen im Vordergrund.

Die Situationen können auf der Basis der CIT-Technik[72] gewonnen werden. Die Antworten werden verhaltensbezogen mit einer unternehmensinternen Experteneinschätzung verglichen und rückgemeldet, wobei dies auch computergestützt erfolgen kann.

Ein zweiter Teil macht die bearbeitenden Personen mit den momentanen Anforderungen der angestrebten Position in deren Wertigkeit vertraut und erfasst, wie der Bearbeiter seinen augenblicklichen Leistungsstand einschätzt. Durch die Gestaltung der Auswertung ist es dem Teilnehmer möglich, neben seiner eigenen situativen Verhaltenseinstufung Aussagen zu erhalten, wie die momentan in der Unternehmung agierenden Führungskräfte bestimmte Verhaltensweisen sehen, was als positiv und negativ erlebt wird, so dass neben einer eigenen Standortbestimmung auch ein Abgleich an der Werteorientierung im Unternehmen möglich ist.

Damit wird gleichzeitig klar, dass sich in sehr dynamischen Unternehmen oder in sehr dynamischen Unternehmensentwicklungen die veränderten Orientierungen in einer Neugestaltung oder mindestens in einer Überprüfung des Verfahrens widerspiegeln müssen. Andererseits ist eine Ergänzung um zukünftige erfolgskritische Verhaltenssituationen jederzeit mit geringem Aufwand möglich.

Durch die Kombination von situativen und eher statischen Teilen des Verfahrens, kann der Bewerber einen guten Einblick in die Anforderungen und Bewertungen seiner angestrebten Tätigkeit erhalten.

---

[72] vgl. Kapitel 3

Ein verallgemeinerter Ablauf der Konstruktion eines solchen Verfahrens ist in der folgenden Abbildung dargestellt:

```
            ┌──────────────────────┐
            │  Briefing / Workshop │
            └──────────┬───────────┘
                       │
            ┌──────────┴───────────┐
            │      Workshop        │
            └──────────┬───────────┘
                       │
Delphi-Prozess    ┌────┴────┐
        ╱╌╌╌╌╌╌╌╌╌╌╌╌╌╌╌╌╌╌╌╌╌╌╌╌╌╌╌╌╲
       ╱  ┌────────────────────────┐  ╲
      │   │ Strukturierte Interviews│  │
      │   └────────────┬───────────┘  │
      │   ┌────────────┴─────────────┐│
      │   │Auswahl und Untersetzung der CIT││
      │   └────────────┬─────────────┘│
      │   ┌────────────┴───────────┐  │
       ╲  │ Ergebniszusammenführung│ ╱
        ╲╌└────────────┬───────────┘╌╱
                       │         Delphi-Prozess
         ┌─────────────┴─────────────────┐
         │ Experteneinstufung (unternehmensintern) │
         └─────────────┬─────────────────┘
         ┌─────────────┴─────────────────────────────┐
         │ Zuordnung der einzelnen Verhaltensweisen durch externe Experten │
         └─────────────┬─────────────────────────────┘
         ┌─────────────┴─────────────────────────────┐
         │ Rechentechnische Umsetzung mit Verständlichkeitsprüfung │
         └─────────────┬─────────────────────────────┘
         ┌─────────────┴─────────────────┐
         │    Einführung im Unternehmen   │
         └─────────────┬─────────────────┘
         ┌─────────────┴─────────────────────────┐
         │ Individuelle Durchführung des Self Assessment │
         └─────────────┬─────────────────────────┘
         ┌─────────────┴─────────────────────┐
         │ Feedback mit Leiter Personalentwicklung │
         └───────────────────────────────────┘
```

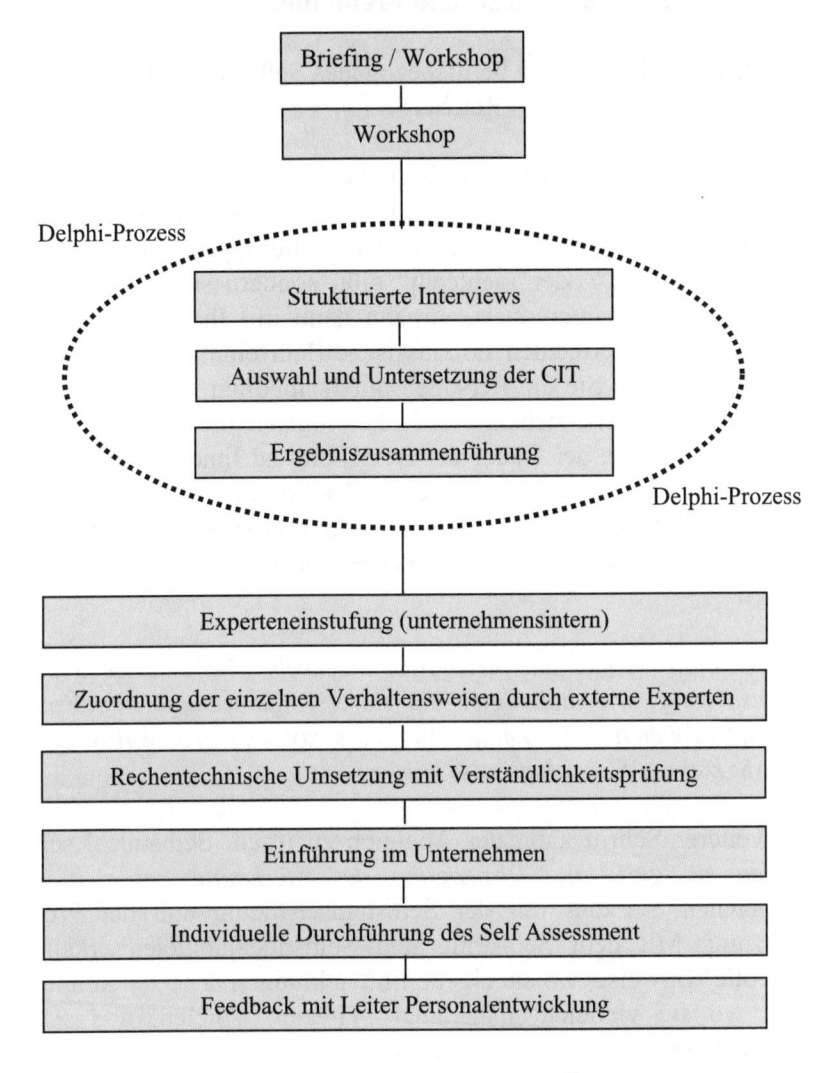

Abb. 4: Flussdiagramm zur Erarbeitung eines Self Assessment Tools[73]

---

[73] vgl Joos, M., Kemter, P. & Swoboda, M., Development of a self-assessment tool (SAT) based on the method of critical incidents – A case study, Vortrag XI European Congress on work and organizational Psychology, Lisboa, 2003

Aspekte einer individuellen Groborientierung

a) Abgleich zwischen Selbst- und Fremdbild

Eine gute Möglichkeit ein berufsbezogenes Selbst-Fremdbild zu erhalten, bieten die Checklisten von Reichel[74].

Füllen Sie dann zunächst für sich die Selbsteinschätzungscheckliste aus. Bitten Sie danach den Partner, Freunde oder Bekannte den Bogen auch auszufüllen.Wichtig ist bei diesen Personengruppen, dass sie betonen, dass es kein „gut" oder „schlecht" gibt, sondern sie nur der jeweilige Ausprägungsgrad interessiert, um ihn dann mit Ihrer Einschätzung zu vergleichen. So vermeiden sie klassische Beurteilungsfehler. Achten Sie auch darauf, dass Sie die Personen unterschiedlich lange kennen, ihnen unterschiedlich nahe stehen. etc. Je heterogener die Gruppe vom Alter, der Bindungsenge, der Dauer der Beziehung zu Ihnen zusammengesetzt ist, desto besser und differenzierter ist das Fremdbild. Positiv ist es also, wenn Sie nicht nur eine Fremdeinschätzung einholen, sondern mehrere, um auch unter diesen Gemeinsamkeiten und Unterschiede feststellen zu können.

Nehmen die Personen aus ihrem Freundeskreis, die Sie lange kennen, Sie genauso wahr, wie diejenigen, die Sie erst seit wenigen Wochen näher kennen? In welchen Merkmalen gibt es besonders grosse Abweichungen und wie können Sie sich diese erklären?

Ein weiterer Schritt kann der Abgleich zu ihrem Selbstideal sein. *Wie würden sie gern die Ausprägung der Merkmale bei sich sehen?.* Vergleichen Sie dies mit der Selbsteinschätzung und der Fremdeinschätzung. Mit dem Selbstbild und Selbstidealabgleich erhalten Sie wertvolle Hinweise, wo sie eigene Entwicklungen ansetzen können, aber auch, wo sie vielleicht manchmal „Theater" spielen, und sich z.B. entscheidungsfreudiger geben, als sie wirklich sind. Neuberger[75] hat die Entstehung des „Theaterspielens" und seine Konsequenzen sehr differenziert beschrieben.

---

[74] vgl. Reichel, W., Erfolgsfaktor schriftliche Bewerbung, Falkenverlag, Niederhausen, 1999
[75] vgl. Neuberger, O., Miteinander arbeiten – miteinander reden! Bayrisches Staatsministerium für Arbeit und Sozialordnung, Familie, Frauen und Gesundheit, 1996

b) die Verbenlisten in Anlehnung an Bolles

Egal, ob Sie als Vorstand oder Bandarbeiter, Lehrer oder Verkäufer agieren, sie führen immer wieder bestimmte Tätigkeiten aus. Da Verb aber „übersetzt" Tätigkeitswort heisst, finden Sie mit einer Verbenliste in Anlehnung an Bolles[76] einen sehr guten Zugang zur Analyse ihrer jetzigen Tätigkeit.

Sie erfahren unabhängig von Berufsbezeichnungen, was ihre Tätigkeit wirklich ausmacht.

Differenziert können Sie folgendermassen vorgehen:

- in einem ersten Schritt erfahren Sie, was sie tun. z.B. sammeln, und Sie fragen gedanklich nach „was sammle ich?". Nehmen wir an: Sie sammeln Daten.

- in einem zweiten Schritt können Sie subjektiv einschätzen, ob Sie das, was Sie tun, auch können.

- in einem dritten Schritt schätzen Sie ein, welche Könnensstufe (Laie bis Experte) Sie erreicht haben. Damit können Sie für ganz konkrete Tätigkeiten ihren Entwicklungsbedarf bestimmen.

- in einem vierten Schritt können Sie sich fragen, wie wichtig ist dieser Tätigkeitsanteil für meinen beruflichen Erfolg. Dies bestimmt punktuell die Prioritäten Ihres Lernbedarfs.

- in einem fünften Schritt können Sie sich fragen, wie gross der Zeitanteil dieser Tätigkeit ist, auch im Zusammenhang mit dem Gesamterfolg der Tätigkeit. Ist mein eingebrachter Zeitaufwand gerechtfertigt, kann ich ihn durch Einsatz bestimmter Techniken oder durch den Erwerb neuer Fähigkeiten minimieren?

---

[76] vgl. Bolles, R.N., Durchstarten zum Traumjob, Das Bewerberhandbuch für Ein-, Um- und Aufsteiger, Campus Verlag, Frankfurt / New York, 1999

Doch mit einer Verbenliste können Sie noch umfangreicher agieren. Dazu sollen beispielhaft ein paar weitere „Verwendungszwecke" angeführt werden:

1	Sie können sich fragen, was sind Tätigkeiten, die in meinen Hobbys vorkommen? (weil Sie diese bestimmt gern ausführen). Vor allem bei einer Neuorientierung kann diese Fragestellung hilfreich sein.

2	Sie können sich fragen, was liegt mir von diesen Tätigkeitswörtern besonders gut. Sie entdecken Fähigkeiten neu oder wieder, die in Ihrer jetzigen Tätigkeit nicht ausreichend gefordert werden.

3	Sie können sich fragen, welche Tätigkeiten würde ich bei Veränderungen und Neuorientierungen nicht tun wollen, um genau diese auszuschliessen.

Abschliessend bleibt die Frage zu stellen: „Warum glaube ich, dass ich bestimmte Tätigkeiten gut oder schlecht kann, mir einige Aspekte besser als andere Gefallen?" Auf diesem Weg erfahren Sie viel über Ihre Persönlichen Präferenzen.

In der nachfolgenden Abbildung finden Sie die Verbenliste nach Bolles, die Ihnen als Groborientierung dienen soll.

Selbstverständliche können Sie jederzeit Tätigkeiten, welche die Spezifik Ihres Berufsfeldes ausmachen, ergänzen.

Eine Liste von Fähigkeiten in Verbform

ablenken	beziehen	formulieren	ordnen	übertragen
abschätzen	bilden	forschen	organisieren	überwachen
adressieren	darstellen	führen	pflegen	überzeugen
analysieren	definieren	geben	photographieren	unterhalten
anbieten	diagnostizieren	gehorchen	planen	unterrichten
anleiten	drucken	gründen	präparieren	untersuchen
anpassen	durchführen	handeln	präsentieren	verantworten
anwerben	durchsetzen	helfen	problematisieren	verarbeiten
arbeiten	einfühlen	herstellen	produzieren	verbessern
argumentieren	einführen	hervorbringen	programmieren	vereinigen
arrangieren	einkaufen	identifizieren	projektieren	verfassen
aufbauen	einleiten	illustrieren	prüfen	verhandeln
aufnehmen	einordnen	improvisieren	publizieren	verkaufen
aufrechterhalten	einrichten	informieren	reagieren	vermehren
aufstellen	einschätzen	initiieren	realisieren	vermitteln
aufwerten	eintragen	inspirieren	reden	versammeln
ausbilden	empfangen	inspizieren	redigieren	versöhnen
ausdrücken	empfehlen	instruieren	reduzieren	verstehen
ausführen	entdecken	integrieren	rehabilitieren	verteilen
ausstellen	entscheiden	interpretieren	reisen	vertreten
auswählen	entwerfen	interviewen	reparieren	verwalten
bauen	entwickeln	inventarisieren	restaurieren	verweisen
beaufsichtigen	entziehen	klassifizieren	riskieren	vollenden
bedienen	erahnen	komponieren	sammeln	vollziehen
beeinflussen	erfassen	konsolidieren	schlichten	voraussagen
befolgen	erfinden	kontrollieren	schreiben	vorbereiten
befragen	erhalten	konzipieren	schützen	vorführen
begeistern	erhöhen	koordinieren	sezieren	vorschreiben
behalten	erinnern	korrigieren	siegen	vorstellen
behandeln	erklären	lehren	singen	vortragen
beherrschen	erlangen	leisten	skizzieren	wagen
bekommen	erledigen	leiten	sortieren	wahrnehmen
belehren	errechnen	lernen	spielen	waschen
benutzen	erreichen	lesen	sprechen	weiterleiten
beobachten	erschaffen	liefern	spüren	widerlegen
beraten	erstellen	lösen	steuern	wiegen
berechnen	erweitern	malen	studieren	zeichnen
bereitstellen	erzählen	managen	symbolisieren	zeigen
berichten	erzeugen	manipulieren	systematisieren	zergliedern
beseitigen	experimentieren	mitfühlen	teilen	zuhören
bestellen	fahren	mitteilen	testen	zurechtkommen
bestimmen	festlegen	modellieren	treffen	zurückholen
betreiben	feststellen	motivieren	trennen	zusammen
beurteilen	finanzieren	nachweisen	übergeben	arbeiten
bewahren	folgen	nähen	überprüfen	zusammenfassen
bewältigen	fördern	navigieren	überreden	zusammenstellen
bewerten	fordern	nutzen	übersetzen	

Abb 5: Verbenliste nach Bolles[7]

c) Karrieremodell Kompetenzkreis von Jürgen Fuchs (Ploenzke Unternehmensberatung)

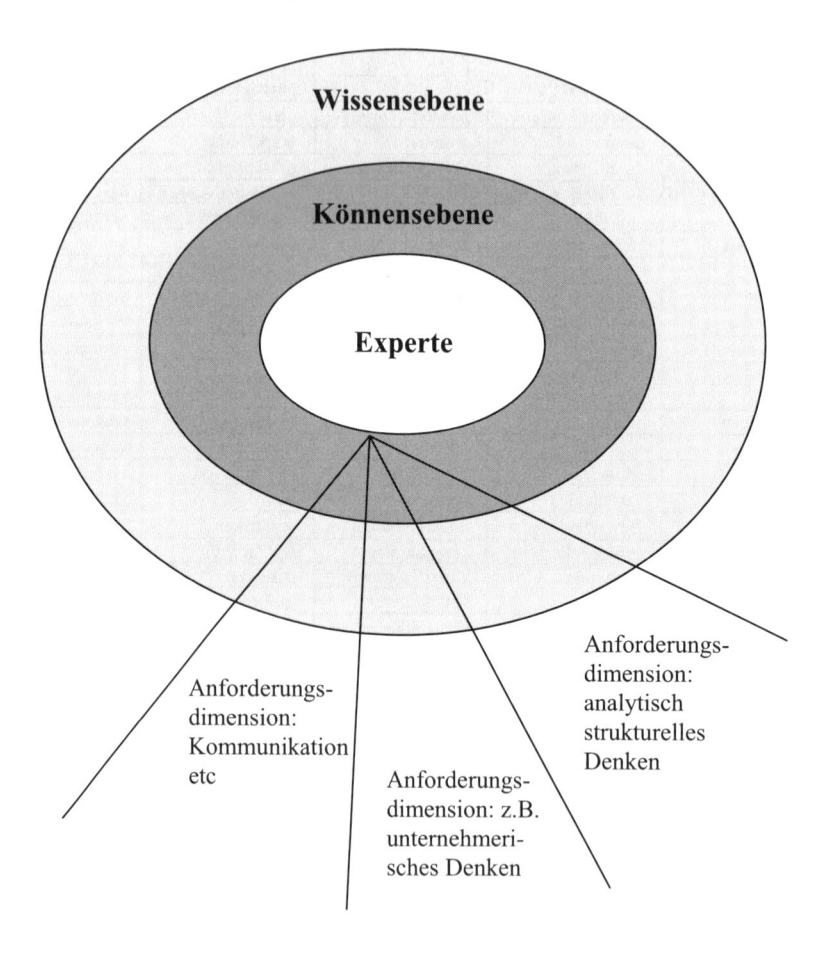

Diagramm: Drei konzentrische Ringe mit Beschriftungen (von außen nach innen): **Wissensebene**, **Könnensebene**, **Experte**. Vom inneren Bereich ausgehende Linien verweisen auf:
- Anforderungsdimension: Kommunikation etc
- Anforderungsdimension: z.B. unternehmerisches Denken
- Anforderungsdimension: analytisch strukturelles Denken

Abb. 6: Karrieremodell Kompetenzkreis von Jürgen Fuchs[77]

Ausgangspunkt sind die drei Ringe, für Wisses, Können und Expertise. Es ist ein Unterschied, ob ich z.B. durch einige Vorträge weiss, dass ein Verkaufsgespräch mehrere Stufen hat, ob ich es kann und durchaus erfolgreich praktiziere oder ob ich Experte auf diesem Gebiet bin.

---

[77] Fuchs, J., Vortrag Ploenzke Unternehmensberatung zum Karrieremodell

Dieses Modell eignet sich besonders, die Anforderungen der eigenen Stelle mit dem derzeitigen Erfüllungsstand der Ausübung graphisch zu verdeutlichen. Die Grösse der „Tortenstücke" kann gleichzeitig für eine inhaltliche oder zeitliche Gewichtung der Anforderungsdimensionen genutzt werden. Verallgemeinert lassen sich auch Fragen zu Generalist versus Spezialist mit diesem Modell beantworten.

Auch im Rahmen von Veränderungsprozessen und Neuorientierungen ist dieses Modell gut anwendbar, in dem die Stellenanforderungen eingezeichnet werden und ein Abgleich mit den Fähigkeiten stattfindet.

d) Fit-Matrix

Ein systematischer Abgleich zwischen den Erwartungen, den eigenen personellen Voraussetzungen und deren Realisierungsvarianten in verschiedenen Jobs, kann bei der Groborientierung helfen und als erste Entscheidungshilfe sehr nützlich sein.

Beispiele	*Job 1*	*Job 2*	*Job3*	*Job 4*
Erwartungen	*Erfüllt*	*Erfüllt*	*Erfüllt*	*Erfüllt*
Gleitzeit	++	+	+	+
Entfernung vom Wohnort	++	++	-	- -
Urlaubsregelungen	-	+	+	+
Etc.				
Meine Fähigkeiten, Kenntnisse / Eigenschaften	*gefordert*	*gefordert*	*gefordert*	*gefordert*
Verhandlungsgeschick	++	++	+	-
Fremdsprachenkenntnisse italienisch	- -	-	++	++
Organisationsgeschick	+	-	+	++
Etc.				

Abb. 7: Fit-Matrix

Erstellen Sie sich einen Kriterienkatalog aus den Fragen: *Was habe ich an Erwartungen an das Unternehmen? Was sind auch meine Prioritäten?*. Sie werden dann merken, das einige Positionen auf Grund dieser Erwartungen nicht realisierbar sein werden. Gleichzeitig können Ihnen diese „Erwartungsaspekte" als Grundfragen bei einem möglichen Einstellungsgespräch an das Unternehmen dienen. Prüfen Sie in einem nächsten Punkt, welche Kompetenzen, Fertigkeiten, Fähigkeiten und Kenntnisse sowie Persönlichkeitsmerkmale Sie haben. Bei einem konkreten Stellenangebot können Sie im Hintergrund prüfen:

Welche Kompetenzen werden im angebotenen Job benötigt und welche nicht? Gibt es anderereseits mehrere Fähigkeiten/Kenntnisse, die ich nicht abdecke?

Auch ohne ein konkretes Jobangebot, jedoch mit einer möglichen Zielvorstellung, kann diese Matrix gut eingesetzt werden, um langfristig bestimmte Lücken zwischen Anforderungen bei einer Wunschtätigkeit und den eigenen Leistungsvoraussetzungen zu erkennen und damit erfolgreich zu schliessen.

Sammeln Sie aus Stellenausschreibungen, die Ihrer Wunschtätigkeit entsprächen, die Anforderungen und prüfen Sie, ob immer wieder identische Leistungsvoraussetzungen gefordert werden.

Darauf beantworten Sie die Frage: *Erfülle ich diese Anforderungen? Wo gibt es Lücken?*

Wenn Sie keine einheitlichen Anforderungen finden, fragen Sie sich, wo die Ursachen liegen könnten.

5. Funktionsorientierte Anforderungsprofile und Kompetenzentwicklung als Instrumente zur Stärkung der Kompetenz- und Leistungspotenziale

- *Anforderungen und Anforderungsanalysen – Sichtweisen zum Thema Anforderungen unter dem Fokus Kompetenz-Navigation*
- *Anforderungen, Anforderungsanalysen, Anforderungsprofil*
- *Verschiedene Aspekte der Einteilung*
- *Qualitätskriterien an eine psychologische Anforderungsanalyse*
- *Anforderungsbestimmung und Organisation*
- *Anforderungen und Individuum*

Anforderungen und Anforderungsanalysen - Sichtweisen zum Thema Anforderungen unter dem Fokus Kompetenz-Navigation

Anforderungen werden durch verschiedene Aspekte bestimmt:

Stabilität, Veränderbarkeit, Kompensierbarkeit

Berufliche Anforderungen, die als personelle Leistungsvoraussetzungen formuliert werden, müssen einer Prüfung hinsichtlich der Ausprägung des jeweiligen Merkmals zugänglich sein. Westhoff & Kluck[78] legen dar, dass Persönlichkeitseigenschaften dadurch gekennzeichnet sind, dass ein bestimmtes Verhalten einer Person in verschiedenen Klassen von Situationen gezeigt wird, es in diesen Situationen also von der Art her konsistent auftritt.

Brandstätter[79] bezeichnet dies als transsituative Stabilität der Persönlichkeitseigenschaft. Persönlichkeitsmerkmale sind demnach immer nur in bezug auf bestimmte Situationen - z.B. Lebensumstände definierbar, die eine Person zum Handeln herausfordern.

---

[78] vgl. Westhoff, K. & Kluck, M.-L., Gutachten schreiben und beurteilen, Springer Verlag, Heidelberg, 1991
[79] vgl. Brandstätter, H., 1989 Stabilität und Veränderbarkeit von Persönlichkeitsmerkmalen, Zeitschrift für Arbeits- und Organisationspsychologie, 2001, 33 (N.F.7), 1, S. 12-20

Weiterhin muss eine Persönlichkeitseigenschaft - im Gegensatz etwa zu einer Stimmung - in ihrer Ausprägung nach Westhoff & Kluck[78] über einen längeren Zeitraum hinweg stabil bleiben, um von einer Persönlichkeitseigenschaft sprechen zu können. In vielen empirischen Studien wurde Stabilität persönlicher Verhaltensweisen nachgewiesen, blieb dabei aber die Frage unbeantwortet, worauf diese Stabilität zurückzuführen ist und welche Möglichkeiten für die Aufrechterhaltung erwünschter und Veränderbarkeit unerwünschter Verhaltensweisen bestehen.

Wie leicht fällt es Menschen im allgemeinen und bestimmten Personen im besonderen, sich bestimmte Eigenschaften „an- oder abzugewöhnen"?

Eckardt & Schuler[80] merken an, dass die Forschung auf dem Gebiet der Merkmalsstabilität noch nicht sehr weit vorangeschritten ist und weisen auf einen weiteren Aspekt hin:

Inwieweit werden eignungsrelevante Merkmale durch die Ausbildung für einen Beruf oder letztlich erst durch die Ausübung des Berufes geprägt?

Dieser Frage kommt deshalb eine grosse Bedeutung zu, wenn man bedenkt, dass viele Anforderungserhebungsverfahren von Merkmalen oder Eigenschaften erfolgreicher Stelleninhaber ausgehen und diese als Massstab für Stellenbewerber anlegen, obwohl daran nicht sichtbar wird, ob diese Merkmale oder Eigenschaften bei den Stelleninhabern vor Antritt der Tätigkeit auch in diesem Masse ausge-bildet waren, oder ob sie sich erst im Laufe der Tätigkeit heraus-bildeten. Weinert, zitiert nach Hossiep[81], vertritt die Auffassung, dass es nur wenige Persönlichkeitsfaktoren gibt, die bereits zu Beginn der Berufskarriere messbar sind und Vorhersagen über mehrere Jahre hinweg mit hoher Treffsicherheit erlauben.

---

[80] vgl. Eckardt, H.H. & Schuler, H., 1999, Berufseignungsdiagnostik. In Jäger, R.S. & Petermann, F., (Hrsg.), Psychologische Diagnostik – Ein Lehrbuch, Beltz Verlag, Weinheim
[81] vgl. Hossiep, R., Berufseignungsdiagnostische Entscheidungen, Hogrefe Verlag, Göttingen, 1995

Zu diesen Persönlichkeitsfaktoren zählen nach Weinert das Motiv „vorankommen zu wollen", Dominanz und ein selbstgesetzter innerer Arbeitsstandard.

Die zeitliche Stabilität eines Persönlichkeitsmerkmals schliesst nach Westhoff & Kluck[78] eine Veränderbarkeit einer Eigenschaft nicht aus. Offen bleibt in diesen Punkten die Frage eines notwendigen zeitlichen Aufwandes und die Frage des Lernpotenzials.

Eine Kompensierbarkeit einer Eigenschaft hinsichtlich der Eignung der Person für eine bestimmte Tätigkeit würde voraussetzen, dass eine Minderausprägung in einer Anforderung nach Westhoff & Kluck[78] durch eine Mehrausprägung in einer anderen wettgemacht werden kann. Wie gut dies jedoch möglich ist, von bestimmten Fähigkeiten auf entwicklungsfähige Potenziale in Qualifikationsdefiziten zu schliessen (vgl. Sowarka & Sarges[82]) bleibt offen, zumal nicht klar ist, ob alle defizitären Fähigkeiten gleich gut entwickelbar sind.

Hossiep[81] glaubt, dass „Defizite hinsichtlich der Anforderungsmerkmale auch von anspruchsvollen Arbeitstätigkeiten prinzipiell durch Training und Führung zumindest graduell kompensierbar sein dürften, und Massnahmen der Arbeitsgestaltung können hierbei einen zusätzlichen Beitrag leisten Bei der Ausführung der Tätigkeiten redefiniert der Stelleninhaber die übernommenen Aufgaben im Rahmen seiner physischen und psychischen Leistungsvoraussetzungen, die psychologisch als Fähigkeiten, Fertigkeiten , Wissen und Einstellungen bezeichnet werden können. Das heisst: wesentlicher Gegenstand der Analysen ist der „Gehalt" von Arbeitstätigkeiten, also die in ihnen enthaltenen Qualifikationsanforderungen (Sonntag[83]).

---

[82] vgl. Sowarka , B. H. & Sarges, W., Psychologische Konstrukte für Eignungsprädikatoren. In Sarges W. (Hrsg.) Management – Diagnostik, 2. neubearbeitete Auflage, S. 207-218, Hogrefe Verlag, Göttingen, 2001
[83] vgl. Sonntag, K., Ermittlung tätigkeitsbezogener Merkmale, Qualifikationsanforderungen und Voraussetzungen menschlicher Aufgabenbewältigung. In SonntagK. (Hrsg.) Personalentwicklung in Organisationen, Verlag Hogrefe, Göttingen

Betrachtet man die Einordnung der Anforderungen und deren Analyse in einem Unternehmenskontext, so kann dieser nach Rump[84] wie folgt dargestellt werden:

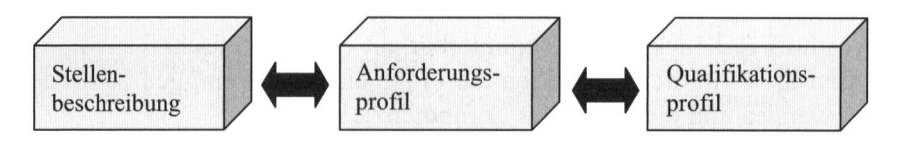

| Stellen-beschreibung | ⟷ | Anforderungs-profil | ⟷ | Qualifikations-profil |

Abb. 9: Einordnung in den Gesamtprozess der Instrumente des Personalensatzes

Zwei zu diagnostizierende Aspekte stehen also im Mittelpunkt: Einmal muss eine Diagnose der Arbeitssituation (Arbeitsplatz, Arbeitsinhalte, Arbeitsbedingungen) erfolgen, zum Zweiten muss die Person hinsichtlich ihrer Leistungsvoraussetzungen geprüft werden.

Auch Kannheiser[85] sieht insbesondere bei Anwendungen in den Bereichen Personalauswahl und Qualifizierung die Notwendigkeit einer der Persondiagnostik vorausgehenden Situationsdiagnostik.

---

[84] vgl. Rump, J., Skript Personalwirtschaft, FH Ludwigshafen
[85] vgl. Kannheiser, W., Erfassung der Anforderungen einer konkreten Position. In Sarges W., (Hrsg.), Management-Diagnostik, S. 141-150, Hogrefe Verlag, Göttingen, 2001

Ein Blick auf die sich verändernden Rahmenbedingungen für Unternehmen, lässt Ableitungen zu den individuellen Anforderungen zu. Ein Bericht der Universität St. Gallen[86] zeigt die folgenden sich verändernden Anforderungen:

- Eine permanente Zunahme der Komplexität von Problemstellungen, bedingt durch die Erhöhung der Informationsdichte, Zunahme der Informationsgeschwindigkeit und Vernetzung der Sachverhalte

- Zunehmend kürzere Lebenszyklen, nicht nur von Produkten, sondern generell von Technologien, Werten und Strukturen

- Gesteigerte Globalisierung sowohl der Märkte wie auch von Organisationen

- Stetiger Wertewandel in unserer Gesellschaft, bei den Mitarbeitern und Führungskräften

- Verschärfter Konkurrenzkampf auf Grund fortschreitender Sättigung der Märkte

- Konfrontation mit einem wachsenden Druck der Öffentlichkeit durch ökologische und politische Sensibilisierung

- Personalknappheit von gut ausgebildeten Führungskräften und Mitarbeitern

- Inflation von Optionen in unseren postindustriellen Gesellschaften z.B. Produktvielfalt, alternative Produktionstechnologien und Organisationsstrukturen, Vielfalt der Lebensstile und Werthaltungen etc., welche zu Orientierungsschwierigkeiten und Mehrdeutigkeit führen

---

[86] vgl. Universität St. Gallen, Schweiz, MAC - Konzept

Diese Umstände ziehen **Anforderungen an Sie und Ihr Management nach sich:**

- Flexibilität im Denken und Handeln, d.h. denken in Alternativen und Sensibilität für neue Handlungsoptionen
- Vernetztes und ganzheitliches Denken
- Bewusstsein über die eigene Person und die Wirkung auf andere
- Fähigkeiten im Umgang mit komplexen Beziehungsgefügen innerhalb und ausserhalb der Organisation
- Erhöhte Sensibilität für die vernetzten Zusammenhänge bezüglich Ökologie, Technologie und Ökonomie, sowie der eigenen physischen und psychischen Verfassung

Ähnliche Aspekte beschreibt die Kienbaum Unternehmensberatung[87] als Anforderungen an Führungskräfte von morgen:

- Generalisten mit Tiefgang
- Unternehmerisches Denken und Handeln
- Kreativität und Innovationsbereitschaft
- Denken und Handeln in Teams und Netzwerken
- Integrations- und Kommunikationsfähigkeit
- Wissen um Produkte, Märkte und Kulturen
- Ständige Bereitschaft zum Lernen
- Persönliche Reife und Ausstrahlung

---

[87] Kienbaum Unternehmensberatung

Anforderungen, Anforderungsanalysen, Anforderungsprofil

Der Begriff der Anforderung und deren Analyse wird in der Literatur nicht einheitlich definiert. Wichtig erscheint dabei, eine Abgrenzung des Begriffes Anforderungsanalyse vom Begriff der Arbeitsanalyse zu ziehen, da beide Begriffe in diesem Zusammenhang in der Literatur eine Rolle spielen, jedoch sehr unterschiedlich, wenn auch teilweise mit identischen Bedeutungen, angewendet werden.

Schuler & Funke[88] trennen die Begriffe deutlich voneinander, indem sie den Terminus „Arbeitsanalyse" für eine Beschreibung des Arbeitsplatzes in Situationsbegriffen benutzen und demgegenüber den Begriff „Anforderungsanalyse" für eine Beschreibung in Person-begriffen gebrauchen. Die Definition der Anforderungen kann in diesem Sinne als Überleitung von der Darstellung des Arbeitsplatzes in Situationstermini zu einer Darstellung in Personbegriffen ange-sehen werden.

Kompa[89] sieht im Begriff der Arbeitsanalyse bei einer weiteren Auslegung sowohl eine Situationsanalyse (Pflichten und Aufgaben, die zum Arbeitsplatz gehören und Bedingungen, unter denen sie ausgeführt werden) als auch eine Merkmalsanalyse, in der die auf Personseite zur Aufgabenausführung notwendigen Leistungsvoraussetzungen untersucht werden. Schuler & Funke[88] definieren Arbeitsanalyse allgemein als „...eine hinsichtlich Anwendungszweck, theoretischer Fundierung, Inhalt und formaler Charakteristika heterogene Gruppe von Verfahren zur Sammlung und Analyse arbeitsbezogener Informationen", wobei diese arbeitsbezogenen Informationen auch die Anforderungen beinhalten.

Weinert[58] definiert eine Anforderungsanalyse teilweise synonym mit der Arbeitsanalyse, unterscheidet aber zwischen einem verrichtungsorientierten oder arbeitszentrierten und einem auf den arbeitenden Menschen zentrierten Ansatz.

---

[88] vgl. Schuler, H. & Funke, U., Diagnose beruflicher Eignung und Leistung. In Schuler, H., (Hrsg.) Lehrbuch Organisationspsychologie, S. 235-283, Huber Verlag, Göttingen, 1995

[89] Kompa, A., Personalbeschaffung und Personalauswahl, Enke Verlag, Stuttgart, 1989

Nach REFA[90] besteht die Anforderungsermittlung „aus der Beschreibung von Arbeitssystemen sowie der Analyse und der Quantifizierung ihrer Anforderungen an den Menschen. Sie wird im wesentlichen zur anforderungsabhängigen Lohndifferenzierung, zur Personalorganisation und zur Arbeitsgestaltung verwendet".

Neubauer[91] meint, dass im klassischen Verständnis die Anforderungsanalyse dazu dient, „festzulegen oder zu erheben, welche Fertigkeiten und Fähigkeiten ein Positionsinhaber auf einer Stelle mitbringen muss, um seine Aufgaben effizient zu erfüllen. Anforderungsanalysen werden deshalb meist dann durchgeführt, wenn für vorhandene oder neue Personalauswahlverfahren die relevanten eignungs-diagnostischen Dimensionen bestimmt werden sollen. Das, was in der Praxis als Anforderungsanalyse „verkauft" wird, entspricht nicht immer den Gütekriterien. Neubauer beschreibt das oft verwendete Prozedere wie folgt: „Leider ist nichts einfacher, als zusammen mit ein paar Anderen hochwertige Alltagsbegriffe wie „Persönlichkeit", „unternehmerisches Denken", „visionärer Ideenreichtum" oder „interkulturelle Kompetenz" zu sammeln, ein bisschen zu definieren und dann als Anforderungsrahmen für die Personalauswahl vorzugeben. Meist entstehen bei einem solchen Vorgehen illusionäre Sehnsuchtslisten mit einem hochwertig klingenden Merkmalsmix, dem keine reale Person gerecht werden kann und das kein vernünftiges Auswahlverfahren konkret und valide diagnostizieren kann."

Noch ein Grund mehr, sich mit den Aspekten und Fragen der Anforderungsanalyse auseinander zu setzen. Interessant sind seine vier Blickwinkel auf eine Anforderungsanalyse, die einen unterschiedlichen Einsatz der Anforderungsanalysen verdeutlichen.

---

[90] vgl. Verband für Arbeitsstudien REFA e.V., Methodenlehre des Arbeitsstudiums Teil 4, Anforderungsermittlung, Hanser Verlag, München, 1973
[91] vgl. Neubauer, R., Sichtweisen zur Anforderungsanalysen, Webartikel www.neubauer.net, 2000

In Anlehnung an Jetter[92] ist der Nutzen eines Anforderungsprofils vor allem in drei Punkten zu sehen:

Steuert den Personalentscheidungsprozess, **gewährleistet** die Vollständigkeit der für einen Personalentscheidungsprozess notwendigen Informationen, **ermöglicht** eine objektive Informationsbewertung, womit die subjektive Unter- oder Überbewertung einzelner Informationen minimiert wird.

Aus dem Gesagten lassen sich, in Einklang mit den Aussagen von Pöpping[93], folgende Schlussfolgerungen ziehen:

Für eine spezifische Erhebung von Anforderungen, und eine Ableitung eines spezifischen Anforderungsprofils in verschiedenen Firmen, Unternehmen, Ebenen und Funktionen sprechen im Wesentlichen zwei Gründe:

1	Eine identische Positions- oder Stellenbezeichnung muss durch die Vielfalt in den Organisationsformen, -kulturen, Kunden, etc. nichts darüber Aussagen, was an Aufgaben, Rechten, Pflichten, Kommunikationsbeziehungen usw. für eine erfolgreiche Tätigkeitsbewältigung relevant ist.
2	Verhalten (auch im Beruf) nicht nur von der Persönlichkeit eines Menschen abhängt, sondern immer aus einer Wechselwirkung von Person und Situation resultiert.

---

[92] vgl. Jetter, W. Effiziente Personalauswahl, Schäffer-Poeschel Verlag, Stuttgart, 1996
[93] Pöpping, U., Entwicklung eines theoriegeleiteten Anforderungsprofils, unveröffentlichte Diplomarbeit an der TU Dresden, 2001

Verschiedene Aspekte der Einteilung

In der Literatur (vgl. Schuler[84], Weinert[58]) findet man verschiedene Einteilungsmöglichkeiten der Anforderungsanalysen. Je nachdem, welches Kriterium der Betrachtung zugrunde liegt, ergeben sich verschiedene Einteilungs- und Zuordnungsmöglichkeiten. Kannheiser[85] unterscheidet für die Erhebung von Anforderungen 4 grundlegende methodische Vorgehensweisen:

1	Expertenbefragungen
2	Fragebogen und Interviews
3	Beobachtungen
4	Arbeitsanalytische Vorgehensweise

Wir veränderten diese Grundstuktur, um verschiedene andere Gesichtspunkte wie folgt miteinzubringen. Anforderungsanalysen sind aus unserer Sicht einteilbar nach:

- der Strategie der Erhebungstechnik
- der Erhebungstechnik/Methode, wobei diese zu unterscheiden ist nach:

    a) dem Standardisierungsgrad der Erhebungsmethode oder

    b) nach der Datenerhebung der Ebene der Analyse

Strategie der Erhebung

Lange Zeit war die Bottom up-Technik mit verschiedenen Verfahrensweisen die wesentliche, oft aber auch einzige Methode zur Anforderungsbestimmung in Organisationen. Mit der sich immer schnelleren Veränderung von/in Organisationen und von Prozessen und damit auch von Anforderungen, der Notwendigkeit Anforderungen prognostisch zu bestimmen und der Erweiterung der Sichtweisen auf relevante Anforderungen, z.B. durch das TQM-Konzept, setzen sich ergänzende und erweiternde Methoden zur Anforderungsanalyse durch.

Damit waren strategische Ansätze zur Anforderungsbestimmung notwendig und werden jetzt häufig als Top down Strategien bezeichnet. Sinnvoll erscheint in diesem Zusammenhang eine Kombination der beiden Strategien Top down und Bottom up.

In den nachfolgenden Abbildungen sind die Grundzüge eines Bottom up- eines Top down-Vorgehens, sowie schematisch eine Mischform aus beiden, dargestellt.

- Induktiver Vorgang
- Beschreibung (erfolgreicher) Positionsinhaber
- Ablauf:

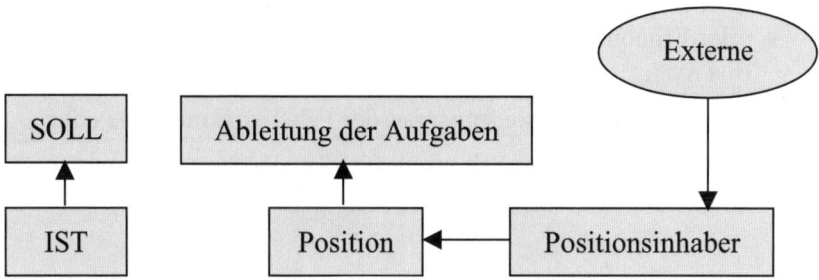

Abb. 10: Bottom up-Vorgehen

Dieses Vorgehen macht deutlich, dass Positionsinhaber über die Anforderungen an die Stelle reflektieren. Kritisch dabei, dass so zukünftige Anforderungen kaum eine Rolle spielen und auch dem Fokus der sich verändernden Anforderung wenig Platz eingeräumt wird.

- Deduktiver Vorgang
- Ausgehend von Unternehmenszielen (Werte, Philosophie, Kultur...)
- Ablauf:

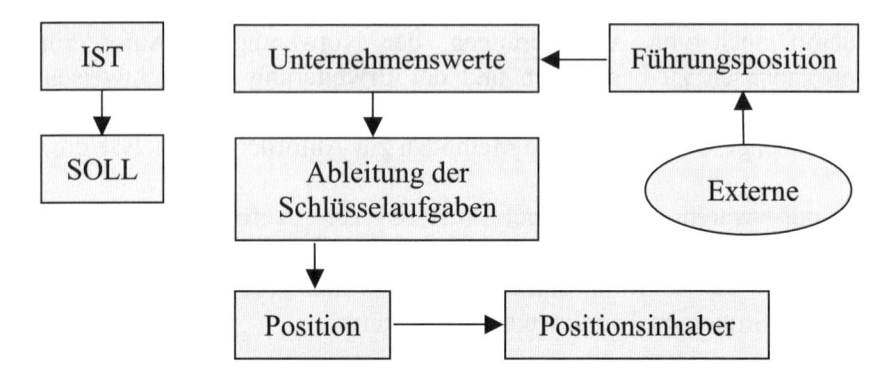

Abb. 11: Top down-Vorgehen (vereinfachte Darstellung)

Der Vorteil dieses Vorgehens liegt in der Integration strategischer Anforderungen und in der Integration von Unternehmenszielen. Ein nicht zu unterschätzender Nachteil liegt in der geringen Nutzung der Erfahrungen zu Anforderungen der Positionsinhaber.

Einzelbefragung von Positionsinhabern und deren Vorgesetzten oder moderierte Workshops mit diesen IST-SOLL-Vergleich:

```
   IST   →   Unternehmenswerte   ←   Führungsposition
    ↓              ↓
  SOLL        Ableitung der
    ↑         Schlüsselaufgaben
    |              ↑
  SOLL   →      Position         ←   Positionsinhaber
```

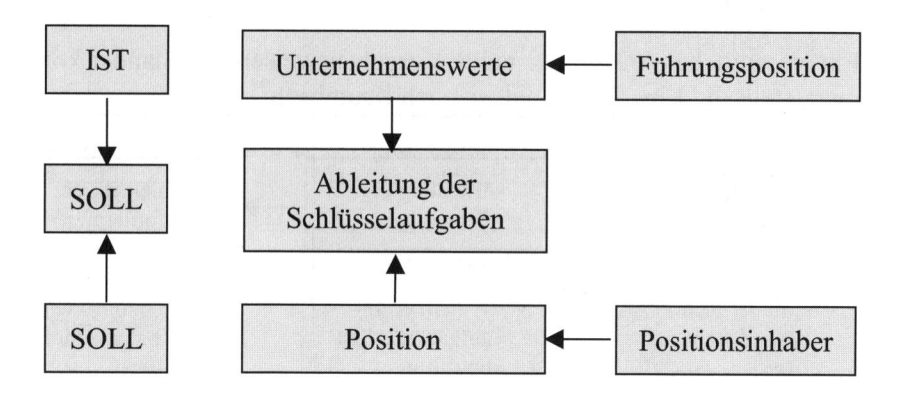

Abb. 12: vereinfachte Abbildung des Top-Down - Bottom up Ansatzes.

Dieser Ansatz versucht im positiven Sinne die Vorteile der beiden Erhebungsstrategien zu verbinden.

In der Praxis findet man zunehmend eine Kombination von beiden Vorgehenswegen, wobei diese sich auch in der Methode der Datenerhebung ergänzen.

Ein wesentlicher Ansatz, der beide Vorgehensweisen miteinander kombiniert, stellt die Key-Task-Analyse nach Krumbach[94] dar.

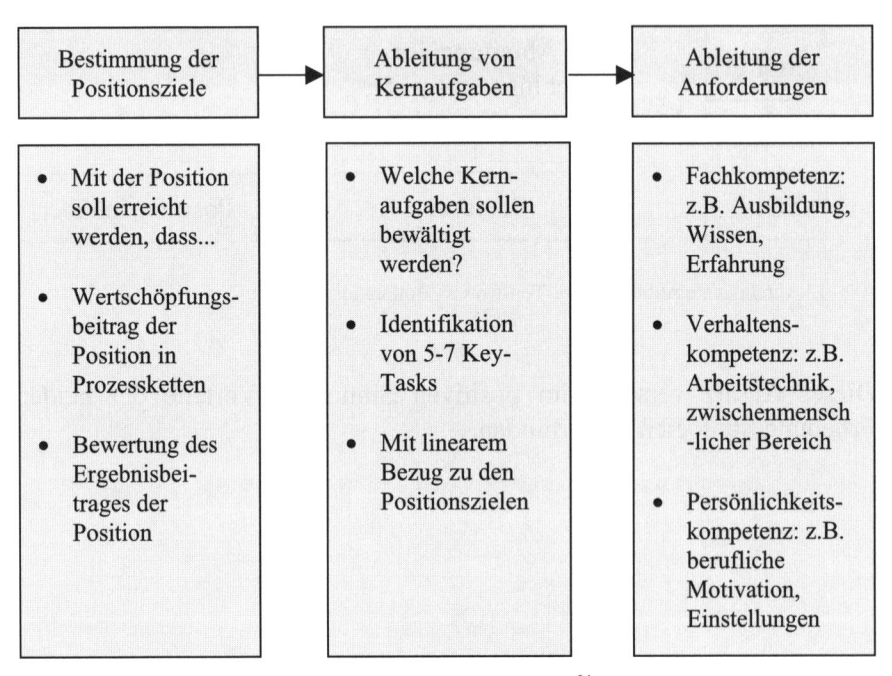

Bestimmung der Positionsziele	Ableitung von Kernaufgaben	Ableitung der Anforderungen
• Mit der Position soll erreicht werden, dass... • Wertschöpfungsbeitrag der Position in Prozessketten • Bewertung des Ergebnisbeitrages der Position	• Welche Kernaufgaben sollen bewältigt werden? • Identifikation von 5-7 Key-Tasks • Mit linearem Bezug zu den Positionszielen	• Fachkompetenz: z.B. Ausbildung, Wissen, Erfahrung • Verhaltenskompetenz: z.B. Arbeitstechnik, zwischenmensch-licher Bereich • Persönlichkeitskompetenz: z.B. berufliche Motivation, Einstellungen

Abb. 13: Grundschema des Key-Task-Ansatzes nach Krumbach[94]

---

[94] vgl. Krumbach, P., Aktuelle Methoden und Einsatzgebiete der Anforderungsanalyse.

Umfangreicher gestaltet sich die Analysebasis in der 360^0 Vorgehensweise, deren Quellen auch in weiteren Managementkonzepten wie Benchmark und TQM liegt.

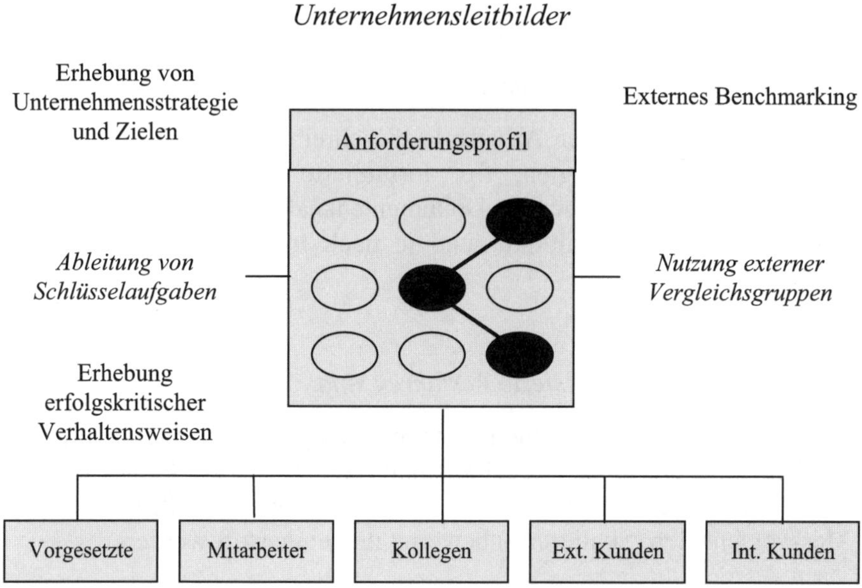

Abb. 14: 360^0 Anforderungsanalyse (nach Jochmann, W., (Hrsg.), Applied measurement methods in industrial psychology, pp. 89-112, 1997)

Die Aufgliederung nach der eingesetzten *Methode an sich* soll nur grob erfolgen, da der differenzierte Ablauf einzelner, häufig eingesetzter Methoden im Punkt Anforderungsanalyse und Organisation differenzierter beschrieben wird.

Nach dem *Standardisierungsgrad* lassen sich die Methoden der Anforderungsanalyse (besonders aus Unternehmenssicht) sehr differenziert einteilen. Die nachfolgende Grobstrukturierung soll einen kurzen Überblick geben und exemplarisch Verfahren benennen.

Es kann nach Frieling[95] unterschieden werden nach:

a) unstandadardisierten
b) halbstandardisierten
c) standardisierten Verfahren

Zu den unstandardisierten Verfahren gehören:

die Analyse vorhandener Arbeitsplatzbeschreibungen, freie schriftliche Berichte der Beschäftigten, frei formulierte Berichte von Arbeitsanalytikern und Vorgesetzten, Dokumentenanalysen und Tätigkeitsausführung durch den Analytiker und je nach Instruktion auch Arbeitstagebücher.

Klassische halbstandardisierte Verfahren sind:

die CIT nach Flanagan[96], Interviews mit Vorgesetzten, Stelleninhabern und Experten, die in der Regel auf halbstandardisierten Fragekatalogen basieren und Beobachtungen, die auf einer hoch strukturierten Form (Messvorschriften, Skalierung) bewertet und eingestuft werden.

Die standardisierten Verfahren lassen sich methodisch untersetzen mit:

einer Vielzahl von Fragebögen, durch die Checklistenmethode und durch hochstandardisierte Beobachtungsinterviews.

Nicht alle Methoden genügen im vollen Umfang den beschriebenen Gütekriterien.

---

[95] Frieling, E., Fragebogen zur Arbeitsanalyse (FAA), S. 113-123. In Dunckel, (Hrsg.), Handbuch psychologischer Arbeitsanalyseverfahren, vdf Hochschulverlag, Zürich, 1999
[96] Flanagan, J. C., The critical incident technique, Psychological Bulletin 51, pp. 327-358, 1954

Einen Einblick in die wesentlichen Vor- und Nachteile dieser Verfahren gibt die folgende Tabelle:

Methode	Vorteile	Nachteile
halbstandardisiert		
CIT	situations- und zielebenennah, Gewinnung verhaltensorientierter Information, Transparenz, nachvollziehbare beobachtbare *Anforderungsprofile*	hoher Aufwand, Verallgemeinerbarkeit
Arbeitstagebuch	erfahrungsnah viele Informationen über den Arbeitsablauf erhalten	eingeschränkt durch Zeitdruck und Schreibgewandtheit, kann Arbeitsablauf stören, sehr *subjektiv*
Beobachtung	Unmittelbar, einfachste Analyse bei manuellen Tätigkeiten	Verzerrungen durch Informationsüberflutung und Effekte wie Halo-Effekt, nicht brauchbar bei geistigen *Tätigkeiten*
Interviewtechniken	auch geistiges Verhalten erfassbar, Arbeiter als aktiver Teilnehmer der Informationserhebung, mehr Info als bei standardisierten Methoden	allg. für halbstandardisiert: weniger vergleichbare Info als bei standardisierten Methoden, Gefahr der Verfälschung der Informationen

Methode	Vorteile	Nachteile
unstandardisiert		
Arbeitsplatzbeschreibungen		können schnell Gültigkeit verlieren, kaum Vergleichbarkeit von *Arbeitsplätzen möglich*
Freie Berichte durch Praktiker	sehr detaillierte Angaben möglich, es braucht kein Interviewer anwesend sein, einfache & problemlose Anwendung	Sehr subjektive Aussagen auf Erinnerung basierend, Beobachtungs- & Beschreibungsfehler, Beobachtungsfokus *eingeschränkt* durch Schreibgewandtheit
Selbstdurchführung durch Analytiker	er erhält "ein Gefühl" für die Anforderungen, Analyse wird vollständiger	bei komplizierten, lernaufwendigen, Arbeiten nicht anwendbar, zeitaufwendig & teuer, verzerrte Info durch Individuelle Interessen & Fähigkeiten
Dokumentenanalyse	sinnvolle *Ergänzung* von *Analysen*	
standardisiert		
Fragebögen	Ökonomie, Vergleichbarkeit, Erfassung grosser SPn	übliche Probleme von FB, je spezifischer die Position, umso *ungeeigneter* der FB
Checklisten	s. Fragebögen	Vernachlässigung realer Bedingungen durch *Alternativstufung*

Tab. 1: Vor- und Nachteile von unstandardisierten, halbstandardisierten und standardisierten Methoden der Anforderungsanalyse

Die Methoden der Datenerhebung lassen sich gleichwohl nach mündlichen oder schriftlichen Verfahren einteilen, deren Fokus auf dem Beobachten oder dem Erfragen von wesentlichen Arbeitsanforderungen liegt. Häufig werden in der Praxis Mischformen eingesetzt, die diese verschiedenen Facetten kombinieren.

Eine weitere Möglichkeit der Einteilung von Anforderungsanalysen ist das Kriterium der Ebene der Analyse. Fleishman und Schuler & Funke beschreiben verschiedene Aspekte und Ebenen in den jeweiligen Darstellungen. Das Modell von Fleishman[97] beinhaltet vier Ebenen:

1.	task qua task (Aufgabenebenen)
2.	behavior description (Verhaltensbeschreibungen)
3.	behavior requirement (Verhaltensermittlung)
4.	ability requirement (Fähigkeitsermittlung)

Schuler und Funke[88] gehen davon aus, dass Analyseverfahren zu eignungsdiagnostischen Zwecken auf drei Beschreibungsebenen dargestellt werden können:

1. Aufgabenebene	Im Sinne der klassischen Arbeitsanalyse werden die Aufgaben und ihre objektiven Merkmale beschrieben.
2. Verhaltensebene	Schwerpunkt dabei ist der prozessurale Aspekt des Verhaltens bei der Arbeitsausführung.
3. Eigenschaftsebene	Relevant sind die Eigenschaften des Arbeitsplatzinhabers, die für die Aufgabenausführung und den Berufserfolg als erforderlich angesehen werden. Diese werden mit unterschiedlichen Methoden erhoben und haben Konsequenzen für das weitere Vorgehen bei der Verfahrensauswahl zur Bestimmung des Qualifikationsprofils.

---

[97] vgl. Fleishman, E. A. & Quaintance, M. K., Taxonomies of human performance description of human tasks, Academic Press, Orlando, 1984

Die nachfolgende Abbildung soll das Gesamtmodell vorstellen.

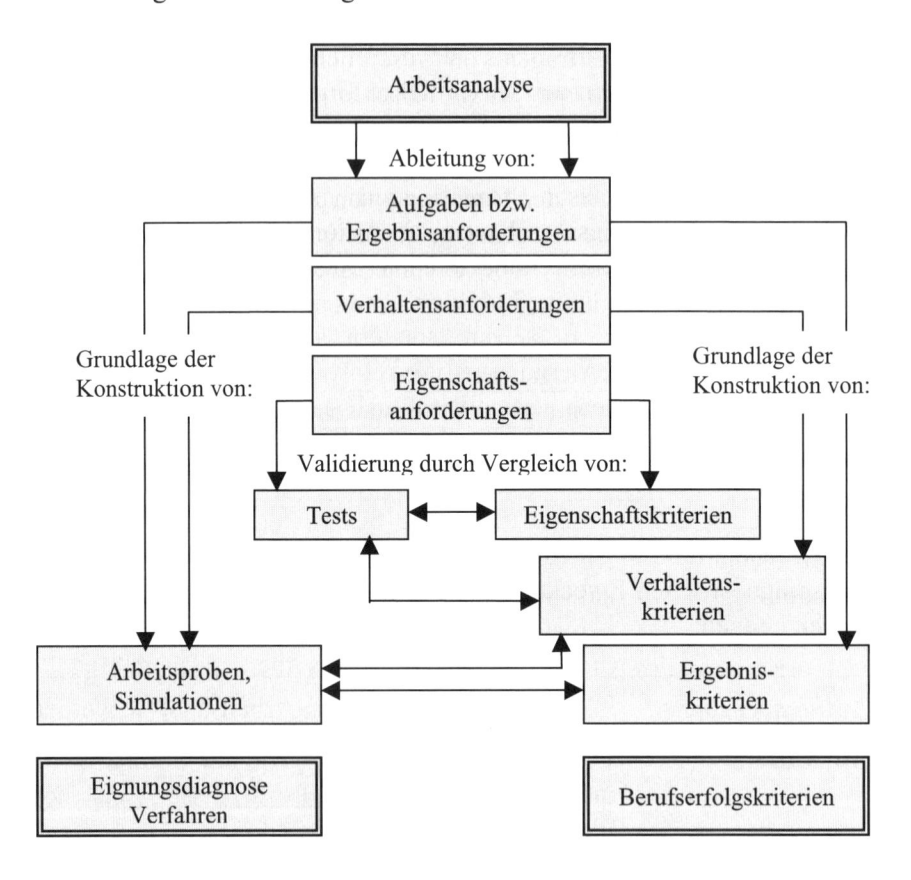

Abb. 15: Modell zur Anforderungsanalyse nach Schuler und Funke

Qualitätskriterien an eine psychologische Anforderungsanalyse

Anforderungsanalysen als Basis für den Personalauswahl- und Entwicklungsprozess müssen den wesentlichen Gütekriterien der Diagnostik entsprechen.

Das Gesamtergebnis dieser Prozesse kann nicht besser sein als das Fundament, auf dem diese aufbauen, die Anforderungsanalyse. Deshalb erscheint es zwingend notwendig, sich von Anwenderseite nicht nur mit den Gütekriterien für Test, Interviews u.a. Verfahren der Personaldiagnostik auseinander zu setzen, sondern auch mit den Qualitätsansprüchen an die Anforderungsanalyse selbst. Frieling,[98] Jeserich[99] und Curth & Lang[100] haben wesentlich Qualitätsmerkmale an Anforderungsanalysen in ihren Arbeiten (häufig in Anlehnung an Lienert) beschrieben. Folgende Punkte sind hervorhebenswert:

Theoretische Begründung	Anforderungsanalysen sind theoriegeleitete Prozesse, Analysegegenstand, Merkmale und Erhebungsmethoden werden wissenschaftlich fundiert auf der Basis eines theoretischen Modells ausgewählt
Objektivität	Unabhängig von demjenigen, der befragt wird, und demjenigen der das Profil erhebt, entstehen identische Anforderungsprofile
Reliabilität (Zuverlässigkeit)	Die Profilmerkmale lassen eine zuverlässige Aussage über den Mitarbeiter/Bewerber zu, die ermittelten Informationen trennen zwischen geeignet und weniger geeignet

---

[98] Frieling, E., Die Arbeitsplatzanalyse als Grundlage der Eignungsdiagnostik, S. 20-90. In Treibe, J. K. & Ulich, E., 1980
[99] vgl. Jeserich, W., Mitarbeiter auswählen und fördern. Assessment Center Verfahren, Hanser Verlag, München, 1991
[100] vgl. Curth, M. A. & Lang, B., Management der Personalbeurteilung, 2. Aufl., Oldenbourg Verlag, München / Wien, 1991

Validität (Gültigkeit)	Die Merkmale müssen das relevante Arbeitsverhalten und bei einem Profil auch die Leistungsgewichtung widerspiegeln, ohne wesentliche Punkte zu vernachlässigen
Praktikabilität / Ökonomie	Das Verfahren muss in Konzeption und Durchführung (konzeptionell, finanziell und zeitlich) erbringbar und vertretbar sein
Akzeptanz	Das Verfahren sollte von allen „Betroffenen" akzeptiert werden
Verständlichkeit – Unternehmensbezug	Die Anforderungen sollten eindeutig und in unternehmenstypischen Kategorien beschrieben werden.
Konformität – Passung	Die Dimension geht auf Jeswald (zit. nach Jeserich[99]) zurück, und weist auf eine Kompatibilität verschiedener bereits vorhandener Begrifflichkeiten in z.B. Beurteilungssystemen des Unternehmens mit dem Anforderungsprofil hin.

Zusammenfassend sei in Anlehnung an Jeserich[99] zu diesen Beurteilungskriterien gesagt, dass einige der aufgeführten Bedingungen schwer miteinander vereinbar sind. Zum Beispiel wird eine starke Organisationsbezogenheit eine allgemeine Vergleichbarkeit mit anderen Anforderungsprofilen ausserhalb der Organisation beeinträchtigen.

Die Zuverlässigkeit eines Verfahrens ist immer Voraussetzung für die Gültigkeit des Verfahrens, d. h. das Verfahren kann nur so valide sein, wie zuverlässig es auch misst.

Insgesamt kann man dabei feststellen, dass die Beurteilungskriterien Validität, Reliabilität, Objektivität und Verständlichkeit meist auf Kosten der Praktikabilität und Akzeptanz gehen, dass aber gerade die Praktikabilität und Akzeptanz eines Verfahrens über seinen Einsatz entscheiden.

Einen sinnvollen und vertretbaren Kompromiss zwischen den beiden Aspekten zu finden ist schwer und kann durch die Wissenschaft noch nicht mit Messwerten unterstützt werden; deswegen müssen situationsabhängige Entscheidungen über den Einsatz eines Verfahrens, von einer genauen Abwägung zwischen den Gütekriterien des Verfahrens und allen situativen Gegebenheiten und daraus resultierenden Einsatzbeschränkungen, gestützt sein.

Neben diesen Kriterien spielt der Verhaltensbezug eine grosse Rolle. Je stärker dieser in der Anforderungsanalyse erfolgt, je differenzierter die Verhaltensbeschreibung im Rahmen des Anforderungsprofils sind, desto sicherer und eindeutiger kann ein späteres Diagnoseergebnis getroffen werden.

Anforderungsbestimmung und Organisation

Dass die Bestimmung der Anforderungen organisationsspezifisch und situationsspezifisch erfolgen soll, ist in den vorangegangenen Kapiteln dargestellt wurden. Einige Methoden, denen man sich bedienen kann, sollen nachfolgend kurz dargestellt werden. Vorab jedoch nochmals einige erweiternde generelle Vorüberlegungen:

Eine Situationsdiagnose sollte Ergebnisse zu Arbeitsplatz, Arbeitsinhalten und Arbeitsbedingungen erbringen. Aus diesen Informationen werden die Anforderungen abgeleitet. Wie man zu diesen Anforderungen kommt, wird nicht eindeutig in der Literatur beschrieben. Die Befragung von Experten stellt einen wesentlichen Zugang dar, wobei es hier gewollt oder ungewollt zu Verzerrungen kommt.

Trebeck (1970, S. 223, zitiert nach Hoyos[101], beschreibt die Thematik sehr treffend: „Die Problematik der Analyse der Anforderungen führt zu der Frage nach den begrifflichen Kategorien, mit denen Aspekte der Arbeit und Aspekte der Persönlichkeit erfasst, beschrieben und einander zugeordnet werden können.

---

[101] vgl. Hoyos, C. Graf, Die Rolle der Anforderungsanalyse im eignungsdiagnostischen Prozess, Psychologie und Praxis. Zeitschrift für Arbeits- und Organisationspsychologie, (n.F.4), S. 59-67, 1986

Dunnette[101] (1982, zitiert nach Hoyos[101]), schlägt eine Matrix der Merkmale von Arbeitstätigkeit und Person vor, um diese Zuordnung zu verdeutlichen: *je komplexer die Tätigkeitsanforderungen sind, desto komplizierter erscheint der Mechanismus, relevante Teiltätigkeiten zu bestimmen.*

Auf einige häufige Methoden soll an dieser Stelle detaillierter eingegangen werden.

a) CIT – Critical Incident Technique

Das Verfahren geht auf Flanagan[96] zurück und basiert auf zwei grundlegenden Prinzipien:

- Die Darstellung von Fakten bzgl. von Verhalten und Situationen ist der Sammlung von Interpretationen, Einschätzungen und Meinungen, welche auf allgemeinen Eindrücken basieren, vorzuziehen.

- Die Darstellung sollte auf jenes Verhalten beschränkt werden, welches einen signifikanten Beitrag zum Ergebnis oder allgemeinen Ziel der Tätigkeit leistet. (Fragen Sie sich nach den Situationen die besonders relevant sind, weil sehr häufig, wenige oft, aber dann von Brisanz.)

---

[101] vgl. Dunette, M.D., Handbook of industrial and organizational psychology, Rand Mc Nally, Chicago, 1976

Anderson & Wilson[102] schlagen für die methodische Umsetzung der Verfahren der CIT folgende Vorgehensweise vor:

1.	Sammlung der Critical Incidents (dieser Schritt beinhaltet alle Aktivitäten zur Erhebung der Schilderungen kritischer Ereignisse und anschliessend das Editieren derselben, d.h. Vergleichbarkeit aller Schilderungen hinsichtlich Struktur und Form).
2.	Identifizierung von Dimensionen, die den geschilderten Ereignissen und Verhaltensweisen zugrunde liegen (durch Experten, die mit den der Berufsleistung zugrunde liegenden psychologischen Faktoren vertraut sind) und deren Überprüfung durch Zuordnung der Ereignis- und Verhaltensschilderungen durch Experten.

In der von Flanagan[96] konzipierten Form enthält die CIT fünf wesentliche Schritte:

1.	Ermittlung und Festlegung des allgemeinen Ziels der Tätigkeit
2.	Entwicklung von Plänen und Anleitungen für die Datenerhebung
3.	Datenerhebung
4.	Datenanalyse
5.	Dateninterpretation

Die Ermittlung oder das Festlegen des Ziels einer Tätigkeit hat besonders für die spätere Zuordnung des effizienten oder ineffizienten Verhaltens im Rahmen der Situation eine grosse Bedeutung. Eine genaue Instruktion an diejenigen, welche die erfolgskritischen Ereignisse erheben, erscheint notwendig.

---

[102] vgl. Anderson, L. & Wilson, S., Critical Incident Technique. In Whetzel, D. L. & Wheaton, G. R., (Eds.), Applied measurement methods in industrial psychology, pp. 89-112, Davies Black Publishing, Palo Alto, 1997

Flanagan[96] glaubt, dass dies durch Befolgen folgender Regeln am ehesten erreicht wird:

- präzise Beschreibung der Situation (Ort, Personen, Bedingungen, Aktivitäten)

- Beachtung der Relevanz des Ereignisses für das allgemeine Ziel (sowohl kurzfristige als auch langfristige Relevanz des Ereignisses für das allgemeine Ziel der Tätigkeit)

- Ausmass des Effekts des Ereignisses auf das allgemeine Ziel. Wie wichtig ist der beobachtete Effekt für das allgemeine Ziel? (signifikanter Beitrag zum allgemeinen Ziel; entweder positiv oder negativ)

- Die beobachtenden Personen sollten mit der zu beobachtenden Tätigkeit vertraut sein; besonders bei komplexen Tätigkeiten sollten die Personen in der Beobachtung einer solchen Tätigkeit trainiert sein

Bownas & Bernardin[103] setzen dies für die konkrete Instruktion zur Erhebung der Ereignisse folgendermassen um:

Vier Merkmale erscheinen als wichtig:

a	es ist spezifisch
b	es konzentriert sich auf beobachtbares Verhalten, welches in der Tätigkeit vorkommt
c	es enthält eine kurze Beschreibung des Kontextes, in welchem das Verhalten vorkommt
d	es enthält eine Beschreibung der Konsequenzen des Verhaltens

Flanagan[96] betont, dass die Datensammlung möglichst eine Nähe zum Ereignis aufweisen sollte, um mögliche Verzerrungen auszuschliessen.

---

[103] vgl. Bownas, D.A. & Bernardin, H.J., Critical Incident Technique. In Gael, S., (Eds.), The job anaysis handbook for business, industry and government, Vol. 2, pp. 1120-137, Wiley, New York, 1988

Wenn die erhobenen Ereignisse und Verhaltensweisen vollständig und relevant sind und auf das Tätigkeitsziel bezogen sind, geht Flanagan davon aus, dass die abgeleiteten Tätigkeitsanforderungen valide sind.

Abschliessend soll ein Beispiel für ein gut beschriebenes kritisches Ereignis stehen.

Der Stelleninhaber muss jeweils zu Quartalsende alle anfallenden Berichte termin- und qualitätsgerecht an die im Verteiler fixierten Empfänger geben, um die Abteilungsabrechnung in die Gesamtunternehmung einzuspeisen. Dabei muss er selbständig die Zuarbeiten der Mitarbeiter und Kollegen koordinieren und terminlich überwachen, diese kritisch auf Fehler sichten und selbst Zuarbeiten leisten. Diese Daten fasst er in einheitlichen Berichten zusammen.

b) Verfahren der Befragung von Führungskräften

Führungskräfte werden häufig zu Positionsanforderungen befragt.

Dabei empfiehlt sich in groben Zügen nach Jeserich[99] folgendes Ablaufschema:

1.	Führungskräften in Gruppeninterviews oder mittels Brainstorming verschiedene Fragen zur Zielposition stellen/erarbeiten lassen. Dazu verwendet man häufig auch die Moderationstechnik, Kärtchen z.B. mit wesentlichen Merkmalen entstehen
2.	Oberbegriffe suchen (für alle Karten)
3.	Karten direkt zuordnen - Kartenschreiber selbst in Übereinstimmung mit dem „Rest" der Gruppe
4.	Assortieren, was aus anderen Unterlagen erschlossen werden kann (als eventuell möglicher Zwischenschritt)
5.	Rangreihe der Oberbegriffe mit Punktsystem
6.	Reduzierung unter den Oberbegriffen auf vier bis maximal zehn mit Punktsystem
7.	Ausprägungsgrade können in weiterem Schritt festgelegt werden, damit wird ein wesentlicher Schritt zum Anforderungsprofil geleistet

c) Verfahren nach A. und V. Stewart

1.	Frage an Führungskräfte aus Zielebene: *Wie stellen Sie sich eine erfolgreiche Führungskraft vor?* Ergänzend kann eine Befragung einiger Vorgesetzter erfolgen, die ein bis zwei Ebenen über den befragten Führungskräften stehen.
2.	Bitte an Führungskräfte aus Zielebene: *Aufschreiben der Namen von neun real existierenden, guten und schlechten Kollegen auf Kärtchen,* Methode folgt der sog. Kelly's[104] Reperotory Grid Technik (sehr ausführliche Darstellung unter diesem Focus bei Stewart & Stewart[105]).
3.	Vorgesetzten werden jeweils drei Karten vorgelegt: *Wodurch ähneln sich zwei der Personen und unterscheiden sich von der dritten?* (beobachtbare Verhaltensweisen). Als Ergebnis entstehen Verhaltenskontraste. Nur diese und nicht die Identität der Personen ist bedeutsam.
4.	Erarbeitung eines Fragebogens: Bestehend aus 80-120 Items, die als gegensatzpaare formuliert sind. *Er delegiert zielorientiert an Mitarbeiter vs. er delegiert planlos an Mitarbeiter.*
5.	Zusendung des Fragebogens an gegenwärtige Stelleninhaber und unmittelbare Vorgesetzte der Zielebene mit Bitte: Bogen zu bearbeiten, aber diesmal in Bezug auf tatsächlich existierende Führungskraft, die der betreffende als erfolgreich einstuft.
6.	Drei Wochen später: Zusendung des Fragebogens an identische Personen mit Bitte um Ausfüllen in Bezug auf ineffiziente Führungskraft.
7.	Erarbeitung einer objektiven Liste von Gegensatzpaaren, die effiziente und ineffiziente Führungspersonen unterscheidet.

---

[104] vgl. Kelly, G. A., The psychology of personal constructs, Norton, New York, 1991
[105] vgl. Stewart, A., Stewart, V., Assessment Center in GB, Dokumentation, S. 33 - 53

8.	Zukunftsorientierte Durchsicht von Führungskräften höherer Ebene, um den Top down oder zukunfts- und strategischen Aspekt mehr einzubeziehen.
9.	Zusammenfassung zu ca. 8 Themenbereichen mit Definitionen aus den gegebenen Verhaltensbeschreibungen.

d) PAQ von Mc Cormnick und FAA von Frieling

Im Rahmen der Entwicklung des Arbeitsanalyseverfahrens „Position Analysis Questionnaire" (PAQ) durch McCormick et al. formulierten McCormick[106] und seine Mitarbeiter eine Taxonomie von Arbeitselementen als Verhaltenssollwerte, die das gesamte Berufsspektrum abdecken sollte. Um diese mit personellen Merkmalen zu verbinden, zogen die Autoren die Fähigkeitenliste nach Fleishman[97] heran. Im weiteren stufen Experten die Wichtigkeit dieser Merkmale für das Erreichen des Sollwertes auf einer fünfstufigen Skala (bekannt als Attributenrating) ein. Das gleiche Vorgehen wählten Frieling et al.[107] für den „Fragebogen zur Arbeits-Analyse" FAA, der auf den PAQ zurückgeht; nur nutzten die Autoren dabei eine Fähigkeitsliste von Wenninger / Pöpping[93] und beschreiben dazu: „Diese, in diesem Stadium von Tätigkeiten und Personen unabhängige, Verknüpfung von Arbeitselementen und Fähigkeiten gewichten nun, wenn die speziellen Anforderungen eines Arbeitsplatzes bekannt sind, eben diese Anforderungen und man gewinnt eine arbeitsplatzspezifische ArbeitPerson-Matrix, deren Zellen durch die Produkte aus Anforderungshöhe und notwendiger Leistungsfähigkeit gebildet werden. Wenn diese Produkte über die Spalten hinweg addiert werden, erkennt man für jede einzelne Fähigkeit, welchen Beitrag sie zur Bewältigung der beruflichen Tätigkeit erbringt". Der FAA verlangt eine Beantwortung von 221 Fragen für einen Arbeitsplatz; ein Aufwand, den viele als problematisch einstufen. Offen bleiben auch einige Aspekte der Bewertung geistiger und problemlösender Tätigkeiten. Dennoch ist das Verfahren im deutschen Sprachraum weit verbreitet.

---

[106] vgl. Mc Cormick, E. J., Position analysis questionnaire, Consulting Psychologists Press, Palo Alto, 1969
[107] vgl. Frieling et al., Fragebogen zur Arbeitsanalyse (FAA), S. 113-123. In Dunckel, (Hrsg.), Handbuch psychologischer Arbeitanalyseverfahren, vdf Hochschulverlag, Zürich, 1999

e) weitere gebräuchliche Verfahren

Zu den weiteren gebrauchlichen Verfahren zählt der F-JAS (Fleishman - Job Analysis Survey). Die Autoren unterscheiden in ihrem Konzept zwei zentrale Begriffe, „skills" und „abilities" (vgl. Einteilung der Anforderungsanalysen). Während die Skills als Tüchtigkeitsgrad bezogen auf die Aufgabe und somit eher als Fertigkeiten verstanden werden, haben die Abilities eher generellen Trait Charakter. (vgl. Fleishman& Quaintance[108])

Dem Verfahren liegt die Annahme zu Grunde, dass verschiedene Aufgaben unterschiedliche Fähigkeiten voraussetzen, dass aber auch Aufgaben, die ähnliche Fähigkeiten erfordern, gruppiert werden können. (vgl. Fleishman & Reilly[109]).

Die aktuell eingesetzte Form des F-JAS enthält maximal 77 Skalen, die wie folgt kategorisiert sind:

Cognitive Abilities
Psychomotor Abilities
Physical Abilities
Sensory / Perceptual Abilities
Interactive / Social scales
Knowledge Skills / Scales

Dabei sind die ersten 4 Kategorien die klassischen Skalenbereiche des JAS. Eine Anzahl weiterer Verfahren sind im Internet nachlesbar.

---

[108] vgl. Fleishman, E.A., Leadership and supervision in industry, Columbus, 1955
[109] vgl. Fleishman, E.A. & Reilly, M. E., Handbook of human abilities, Consulting Psychologists Press, Palo Alto, 1992

Anforderungen und Individuum

Beruflicher Erfolg eines Stelleninhabers hängt dementsprechend von vielfältigen Aspekten ab: sowohl die Fähigkeiten und Eigenschaften, Einstellungen, Erwartungen und Motive auf seiten der Person, als auch Anforderungen und Erfordernisse in der Tätigkeit beeinflussen auf verschiedene Weise die berufliche Leistung. Determinanten der Arbeitsleistung und des beruflichen Erfolges veranschaulicht Kompa[89] in der folgenden Abbildung:

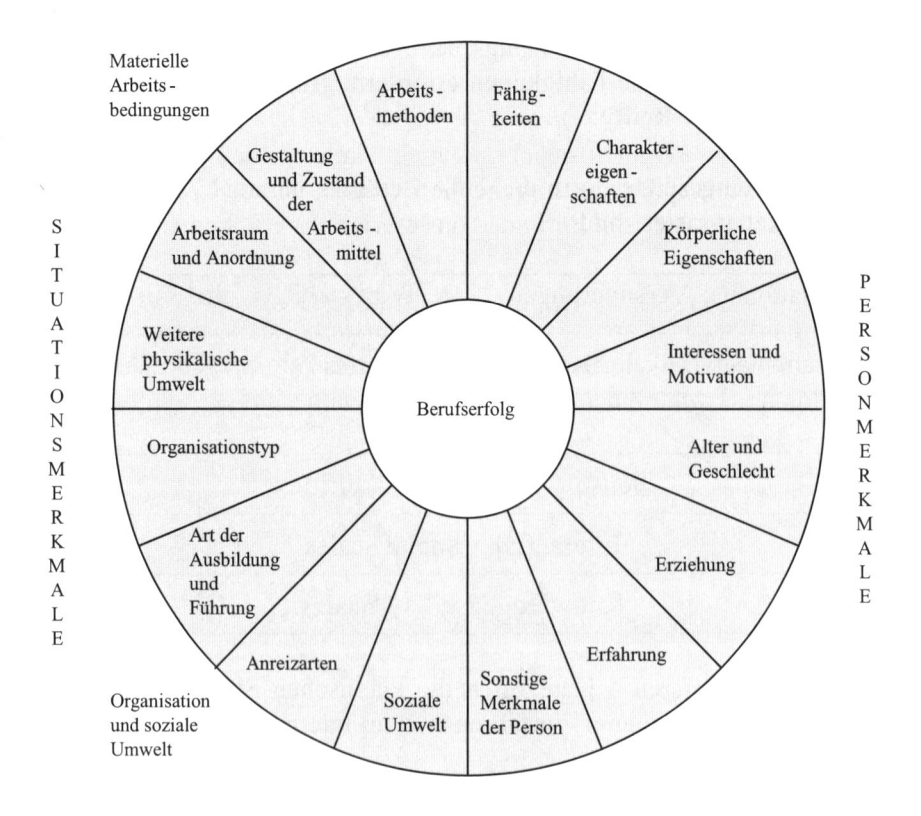

Abb. 16: Individuelle und situative Einflussfaktoren auf den Berufserfolg

Hossiep[81] erweitert dieses Schema auf der Seite der Personmerkmale um die Einflussgrössen Ausbildung, sozioökonomische Sozialisation, kultureller Hintergrund, persönliches Wertesystem-Werthaltungen und persönliches Lebensschicksal, wobei er weiterhin feststellt, dass nicht alle dieser Determinanten für jede Tätigkeit gleichsam berufserfolgsentscheidend sein müssen.

Was der Stelleninhaber selbst als beruflichen Erfolg ansieht, kann ebenso vielfältig sein: das Ausführen einer sinnvollen Tätigkeit, ein mit der Stelle verbundener gesellschaftlicher Status, Arbeitszufriedenheit, das Gefühl, gefordert zu werden oder ein sicheres Einkommen zu haben, oder der Überzeugung zu sein, das zu tun, was den eigenen Interessen und Fähigkeiten entspricht (Schuler & Funke[88], Hossiep[81]).

Was beruflichen Erfolg ausmacht, ist nicht eindeutig definiert. Teilweise gibt es durchaus sich widersprechende Befunde, gerade im Bereich von Führungskräften (vgl. die Befunde von Jeserich[99] und Jochmann[110]).

Organisationale Veränderungen (z.B. Projektarbeit), die ein anderes Verständnis von Karriere (Kompetenzerwerb statt ausschliesslich Kaminaufstieg/vertikaler Aufstieg) nach sich zogen, prägen zunehmend das Bild und erweitern den klassischen Potenzialbegriff.

Jochmann[110] beschreibt besondere Erfolgsfaktoren, die Rückschlüsse auf Potenzial und Lerneffizienz ermöglichen. Zu diesen Erfolgsfaktoren zählen vier Eigenschaften, die er wie folgt definiert:

- **Analysevermögen;** im Sinne von intellektuellem Potenzial, als „...schnelle gedankliche Auffassungsgabe, differenzierte und tiefgehende Informationsverarbeitung, logische Schlüssigkeit und Stringenz"

- **Veränderungsbereitschaft;** beschrieben als Neugier auf Feedback, Offenheit und Toleranz, was auch einen konstruktiven Umgang mit Schwächen und Fehlern einschliesst und die Bestimmung des eigenen Standpunkts in einem kontinuierlichen Veränderungsprozess

- **Leistungsmotivation;** die Jochmann als die Suche nach herausfordernden und schwierigen Aufgabenstellungen, Verbesserungsehrgeiz und das Investieren von viel Zeit und Kraft in den Beruf definiert

- **Zielorientierung;** welche Selbststeuerung und Selbstmanagement beinhaltet und in sich eine detaillierte Beschreibung und Verfolgung von Veränderungszielen birgt

---

[110] vgl. Jochmann, W., Innovationen im Assessment Center – Entwicklungen, Alternativen und Einsatzmöglichkeiten im Change Management, Edition Kienbaum, Schäffer Poeschel Verlag, Stuttgart, 1999

6. Die Messbarkeit von Kompetenzen und Fähigkeiten durch „klassische" und „elektronische" Verfahren als Orientierungshilfe für Generalisten und Spezialisten

- *Vorüberlegungen*
- *Gespräche im Bereich der Personalauswahl*
- *Gespräche im Bereich der Personalentwicklung und Zielvereinbarung*
- *Assessment Center – Orientierungscenter*
- *Entwicklungslinien der AC-Methode im Überblick*
- *Strategische Management Simulationen (SMS)/Planspiele*
- *360° Feedback/Personalbeurteilung*
- *Elektronische Tools und neuere Verfahren zu bestimmten Themenfeldern*
- *Self-Assessment mit und ohne DV-Unterstützung*
- *Verfahren zu Persönlichkeitstypologien und strukturierende Verfahren*

Dieses Kapitel soll einen groben Überblick über die im deutschsprachigen Raum häufig eingesetzten „klassischen" und „elektronischen" Methoden der Messung von Kompetenzen und Fähigkeiten im Rahmen der Personal-auswahl, und der Personalentwicklung geben, wobei wir in der Darstellung den Schwerpunkt auf den Auswahlprozess legen.

Gleichzeitig erscheint es uns als wesentlich, zu betonen, dass durch den Überblickscharakter des Kapitels keine detaillierte Beschreibung der einzelnen Methoden und Vorgehensweisen erfolgt.

Die differenzierten Ausführungen zu jeder beschriebenen Methode, zu jedem Vorgehen, soll der weiterführenden Literatur[111] vorbehalten bleiben.

Auch im Bereich der Verfahrensauswahl, der Verfahrensdurchführung und im Bereich der Beurteilung werden durch die DIN 33430 und die ISO IEC 17024 eine grössere Transparenz, Nachvollziehbarkeit und letztendlich eine Qualitätssicherung durch die Wahrung bestimmter Standards und die Einhaltung von Gütekriterien angestrebt. Dennoch sei nicht verschwiegen, dass die Norm teilweise kritisch und kontrovers diskutiert wird.

---

[111] vgl. u. a. Schuler[88], Sarges[82], Weinert[58]

Vorüberlegungen

Wenn man über die Messbarkeit von Fähigkeiten und Kompetenzen spricht, gilt es zunächst einige Rahmenbedingungen zu überdenken.

Bedingungen an ein Diagnoseinstrument

Wie auch im Bereich der Anforderungsbestimmung gelten für die Verfahrenserarbeitung und des Verfahrenseinsatzes bestimmte Gütekriterien, die wir an dieser Stelle sehr vereinfacht darstellen:

- Konkrete und detaillierte Erfassung der Stärken und Schwächen der Person (unter Berücksichtigung der Relevanz für die Tätigkeit)
- Zuverlässige und vollständige Erfassung der Stärken und Schwächen der Person
- Eindeutige Aussage zur Potenzialhöhe und zum Einsatzgebiet
- Akzeptanz der Aussagen bei Entscheidern und Betroffenen
- Möglichst lange Gültigkeit der Aussagen
- Günstiges Kosten-Nutzen-Verhältnis des Verfahrens

Formuliert man diese Aspekte unter Fachaspekten, werden die Begriffe Reliabilität, Validität, Objektivität, Utilität und Akzeptanz relevant (vgl. Gütekriterien der Anforderungsanalyse).

Fragen nach dem Vorgehen, den diagnostischen Strategien

Die folgende Abbildung veranschaulicht, wie sich verschiedene Aspekte und Vorgehensweisen einordnen lassen.

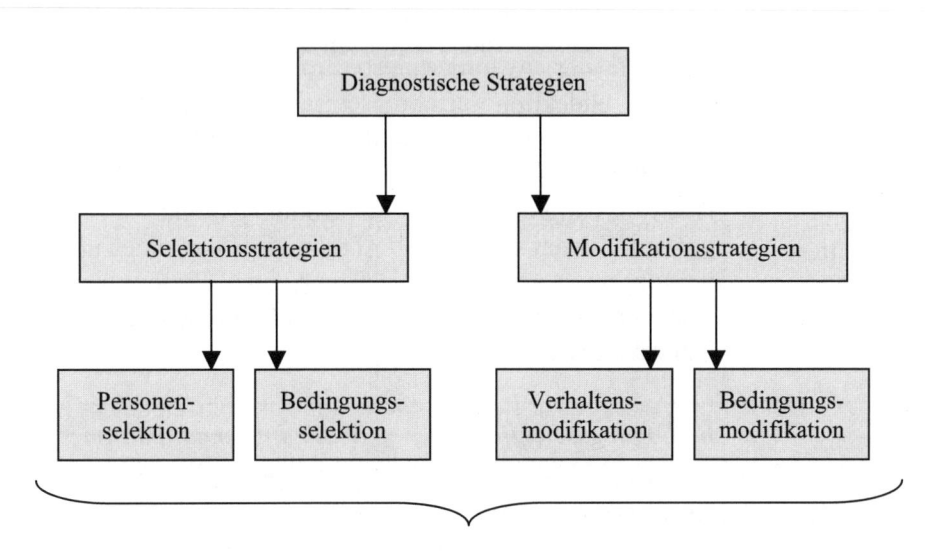

```
                    Diagnostische Strategien
                    ↓                    ↓
        Selektionsstrategien      Modifikationsstrategien
         ↓            ↓             ↓              ↓
    Personen-    Bedingungs-    Verhaltens-   Bedingungs-
    selektion    selektion      modifikation  modifikation
         _____  _____/
                            \/
                       Mischstrategie
```

Abb. 17: Diagnostische Strategien (vgl. Jäger[70])

Die nachfolgende Abbildung soll die Aussagen zur Thematik noch vertiefen und die verschiedenen Strategien näher kennzeichnen.

Interventionsstrategien und ihre Ansatzpunkte

		Interventionsstrategie	
		Selektion	Modifikation
Implementierungsrichtung	P e r s o n	*Personalselektion* Auswahl von Personen, ggf. mit Zuweisung vorgegebener Arbeitsplätze (Platzierung), nach Optimierungskriterien	*Verhaltensmodifikation* Ausbildungs- und Trainingsprogramme zur Kompetenz-, Performanz- und Motivationssteigerung
Implementierungsrichtung	B e d i n g u n g	*Bedingungsselektion* Auswahl optimaler Bedingungen für vorgegebene Personen (z.B. Berufsberatung)	*Bedingungsmodifikation* Verbesserung des Arbeitsplatzes und der Arbeitsgestaltung (Humanisierung der Arbeitswelt)

Abb. 18: Interventionsstrategien nach Jäger[70]

Fragen nach Prädikatoren/Kriterien und Erfolg

Eine sehr vereinfachte Darstellung soll Sie zu einigen Fragen hinführen:

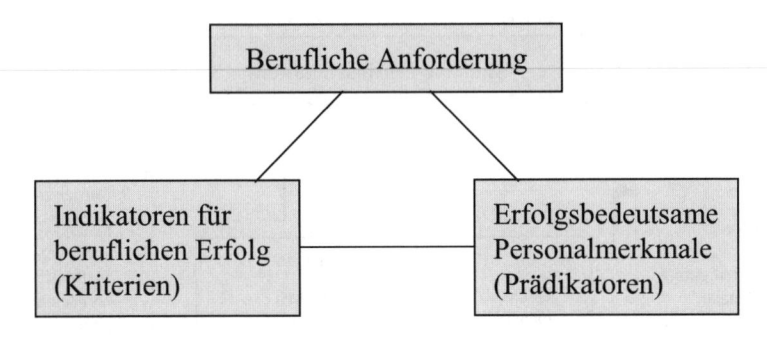

```
                    ┌─────────────────────────┐
                    │  Berufliche Anforderung │
                    └─────────────────────────┘
                        /               \
┌──────────────────┐                     ┌──────────────────┐
│ Indikatoren für  │                     │ Erfolgsbedeutsame│
│ beruflichen Erfolg├─────────────────────┤ Personalmerkmale │
│ (Kriterien)      │                     │ (Prädikatoren)   │
└──────────────────┘                     └──────────────────┘
```

Abb.19: Zusammenhang von Anforderungen/Prädikatoren und Kriterien

Offen bleiben dabei einige Aspekte, auf die wir an dieser Stelle bewusst keine Antwort geben:

- *Was ist Erfolg für Sie individuell?*
- *Was ist Unternehmenserfolg und wird Unternehmenserfolg überall gleich definiert?*

Daraus ergeben sich auch die Fragen:

- *Gibt es identische erfolgsbedeutsame Merkmale?*
- *Wie stabil sind diese Erfolgsdefinitionen?*
- *Ist Leistung gleich zu setzen mit Erfolg?*

Die gegebenen Rahmenbedingungen

Auswahl und Personalentwicklung sind immer an die spezifische Situation und den Unternehmenskontext gebunden.

Die nachfolgende Abbildung soll dabei die Komplexität der Personalentscheidungen unter Berücksichtigung der Unternehmensspezifika verdeutlichen.

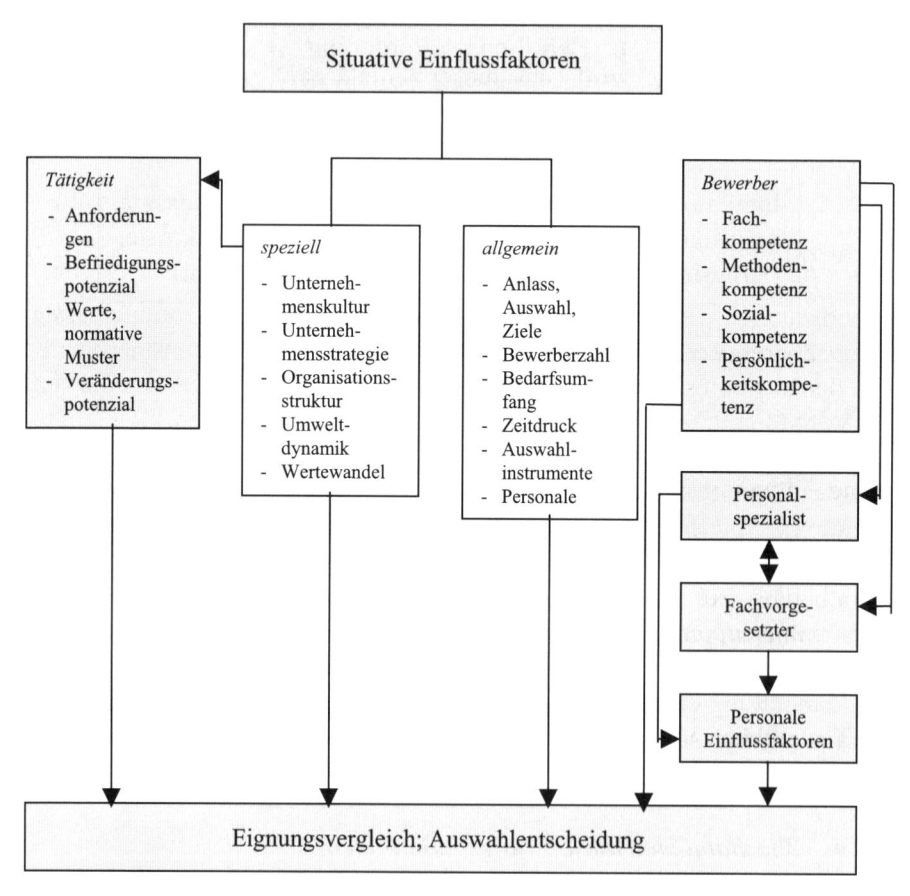

Abb.20: Einflussfaktoren auf Auswahl- und Entwicklungsentscheidungen, modifiziert nach Brake und Zimmer[112]

---

[112] vgl. Brake, J. & Zimmer, D., Praxis der Personalauswahl – so wählen Sie den richtigen Bewerber aus, 3. überarbeitete und erweiterte Auflage, Lexica-Verlag, 2002

Nachfolgend sollen einige Methodengruppen umrissen werden, die im deutschsprachigen Raum zur Kompetenz- und Fähigkeitsermittlung eingesetzt werden. Auch die Gewichtung der Häufigkeiten des Einsatzes bezieht sich auf den deutschsprachigen Raum. Andere Länder, auch im europäischen Verbund, weisen andere Prioritäten auf.

Nicht eingegangen wird an dieser Stelle auf die Analyse der Bewerbungs-unterlagen im Personalauswahlprozess. Detaillierte Angaben sind u.a. nachlesbar bei Sarges[82], Lorenz[113], Reichel[114] etc.

Testverfahren

Brandstätter[79], definiert einen Test als ein standardisiertes, routinemässig anwendbares Verfahren zur Messung individueller Verhaltensmerkmale, aus denen Schlüsse auf Eigenschaften der betreffenden Person oder auf ihr Verhalten in anderen Situationen gezogen werden können.

Schuler[88] geht davon aus, dass in der wissenschaftlich fundierten Eignungsdiagnostik Tests vielfältig zum Einsatz kommen. Brickenkamp gibt einen Überblick über mögliche Verfahren, Hossiep, Paschen & Mühlhaus[115] beschreiben dies unter dem Fokus Persönlichkeitstests im Personalmanagement. Die wohl aktuellste Sammlung von wirtschafts-psychologischen Testverfahren findet man bei Sarges & Wottawa[82]. Die Testdarstellung erscheint sehr gelungen und enthält neben Informationen zu Testaufbau, Verwendung und Gütekriterien auch mögliche Bezugs-adressen der Verfahren.

---

[113] vgl. Lorenz, M., Erfolgreiche Personalauswahl – vom Bewerber zum Top-Mitarbeiter, wrs Praxiswissen, Planegg, 1998
[114] vgl. Reichel, W., Vorstellungsgespräche, Falkenverlag, 1994
[115] vgl. Hossiep, Paschen, Mühlhaus, Persönlichkeitstests im Personalmanagement, Hogrefe Verlag, Göttingen, 2000

Gruppen von Testverfahren in der Berufseignungsdiagnostik:

Allgemeine Intelligenztests	Aufmerksamkeits- und Konzentrationstests
spezielle Fähigkeitstests	motorische und sensorische Leistungstests
Persönlichkeitstest	Interessentests
Einstellungs-, Werte- und Motivationstests	

Besonders im Bereich der Persönlichkeitstests mit eignungsdiagnostischen Backgrounds gab es in letzten Zeit vielfältige Entwicklungen, die zunehmend die unternehmensrelevanten Dimensionen berücksichtigten.

Häufig werden Tests in Kombination mit anderen Verfahren eingesetzt.

Betrachten Sie die nachfolgende Liste von Mühlhaus[116] als mögliche Checkliste, die ungekürzt aus den Managerseminaren September, Oktober / 2000 entnommen ist und ebenso nachlesbar ist bei Hossiep, Paschen, Mühlhaus[117].

Testkonzeption, Testentwicklung und Testbewährung

- Inwieweit liegen dem Test anerkannte wissenschaftlich psychologische Theorien oder Erkenntnisse zugrunde? Sind die Informationen zugänglich und prüfbar?

- Steht die Anzahl der Dimensionen in sinnvoller Relation zur Anzahl der Testfragen? Daumenregel: Jede Skala sollte nicht durch weniger als fünf Fragen repräsentiert sein, üblich sind ca. 10-15 Fragen.

---

[116] vgl. Mühlhaus, O., Fragekatalog zur Testauswahl. In Managerseminare, Heft 44, S. 79ff., 2000
[117] Quelle: Oliver Mühlhaus, Ruhr-Universität Bochum, Hossiep, Paschen, Mühlhaus, Persönlichkeitstests im Personalmanagement, 2000

- Inwieweit erfasst der Test Persönlichkeitsdimensionen, die für Sie in der konkreten Anwendung von Bedeutung sind?
- Können Untersuchungen vorgelegt werden, wie der Test sich in dergleichen oder ähnlichen Situation wie der Ihren bewährt hat?
- Liegen aktuelle Vergleichsgruppen vor, die auch gross genug sind? Orientierungsgrösse: mindestens 300-500 Personen - wichtig für die Stabilität der Vergleichswerte.
- Inwieweit werden die Testgütekriterien erfüllt? Daumenregel: Reliabilität (Interne Konsistenz) grösser 0.7, Retest-Reliabilität grösser 0.6, Validität mindestens 0.2; Korrelationen über 0.7 sollten skeptisch machen, da sie seriös kaum zu erreichen sind.
- Werden bisherige Untersuchungen zum Verfahren transparent und überprüfbar kommuniziert?

Vertreiber und Autoren

- Ist der Anbieter des Tests vertrauenswürdig und fachlich kompetent, z.B. ein wissenschaftlicher Testverlag?
- Welche Qualifikation haben die Testautoren?

Durchführung

- Werden alle Durchführungsschritte praxisnah und vollständig erläutert?
- Ist das Verfahren für die Testteilnehmer in der vorgeschlagenen Anwendungssituation (z. B. Personalauswahl) akzeptabel (u.a. keine Fragen zur Intimsphäre)?
- Sind die einzelnen Testfragen insoweit transparent, als der Teilnehmer in etwa abschätzen kann, welche Verhaltensaspekte erfasst werden sollen, oder erscheinen die Fragen abwegig?

- Kann dem Kandidaten mitgeteilt werden, welche Verfahren Anwendung gefunden haben oder sieht das Instrument eine Geheimhaltung vor?

- Bindet man sich als Anwender an ein einzelnes Verfahren oder kann man frei wechseln?

Auswertung

- Liegen Anweisungen und Instrumente, z.B. Schablone oder EDV-Programme, zur standardisierten Auswertung vor? Kann man selbst auswerten?

- Werden Auswertungsbeispiele gegeben?

- Sind alle Auswertungsschritte eindeutig und mit ausreichender Genauigkeit beschrieben?

Interpretation und Rückmeldung

- Gibt es ausreichende Interpretationshilfen oder Beispielinterpretationen?

- Sieht das Verfahren ausdrücklich eine Rückmeldung an die Testteilnehmer vor und gibt entsprechende Hilfen?

Abschliessende Empfehlung

- Nehmen Sie probeweise selbst am Test teil und schauen Sie sich die Einweisung, die Fragen und die Auswertung inklusive Unterlagen ausführlich an. Vergleichen Sie möglichst mehrere Verfahren, bevor Sie sich entscheiden.

- Prüfen Sie, ob der Test der Norm DIN 33430 entspricht.

Gespräche im Bereich der Personalauswahl

Weuster[118] konnte zeigen, dass das Einstellungsgespräch von allen Bewertungsinstrumenten in der Personalauswahl am häufigsten genutzt wird. Ergänzt man dies durch die Aussage von Schuler[119], dass dies auch die am meisten geschätzte Form der Instrumente des Auswahlprozesses darstellt, eine Aussage, die sowohl vom Auswählenden als auch vom Auszuwählenden getroffen wird, ist die Bedeutung dieses Instrumentes deutlich erkennbar.

Im klassischen Sinne lassen sich verschiedene Varianten unterscheiden:

Formvarianten in Abhängigkeit von:	Mit verschiedenen Funktionen:
• Anzahl	• Feststellen von Fakten
• Strukturiertheit	• Passungsfeststellung
• Kooperation/Konfrontation	• Breitbanddiagnostikum
	• Bewertung von Fähigkeiten

Obwohl das Einstellungsgespräch eine dominante Rolle im Auswahlprozess einnimmt, kann das konventionelle, in der Regel nur wenig strukturierte und standardisierte Einstellungsgespräch oft die psychologischen Gütekriterien nicht erfüllen.

Webster[120] (Abb.) hat die wesentlichen Mängel der traditionellen Gespräche zusammengestellt, die dazu geführt haben, dass die prognostische Validität dieser Gesprächsform als sehr gering einzuschätzen ist (vgl. Harries[121]).

---

[118] vgl. Weuster, A., Bewertung des Interviews als eignungsdiagnostisches Instrument der Personalauswahl. Zeitschrift für Personalforschung, 3, S. 5-34, 1989
[119] vgl. Schuler, H., (Hrsg.), Lehrbuch der Personalpsychologie, Hogrefe Verlag, Göttingen, 2001
[120] vgl. Webster, E. C., The employment interview, SIP Publications, Ontario, 1982
[121] vgl. Harries, M. M., Reconsidering the employment interview: A review of recent literature and suggestions for future research, Personnel Psychology, 42, pp. 691-726, 1989

Folgende Mängel werden benannt:

- mangelnder Anforderungsbezug der Fragen
- unzulängliche Verarbeitung der aufgenommenen Informationen
- Überbewertung negativer Informationen
- Gesprächzeit wird hauptsächlich vom Interviewer gefüllt
- Beurteilerübereinstimmung ist gering, teilweise durch die emotionalen Einflüsse auf die Urteilsbildung

Daraus wird ersichtlich, dass neben einer vorherigen detaillierten Anforderungsbestimmung und der Wahrung dieses Bezuges im Gespräch auch Aspekte der Systematik in Planung und Durchführung, der Standardisierung, der Datenauswertung eine Rolle spielen. Schuler[111] hat diese Punkte zusammengefasst zu den Massnahmen zur methodischen Verbesserung des Einstellungsgespräches.

Massnahmen zur methodischen Verbesserung des Einstellungsgesprächs:

1.	Anforderungsbezogene Gestaltung des Interviews; dies kommt sowohl seiner Validität als auch dem Informationsgehalt für den Bewerber zugute.
2.	Beschränkung auf das Registrieren von Aspekten / Anforderungen / Merkmalen, die nicht anderweitig zuverlässiger gesammelt werden können (z.B. durch Zeugnisse und kognitive Fähigkeitstests).
3.	Durchführung des Interviews in strukturierter bzw. (teil-)standardisierter Form (wobei zu beachten ist, dass die Bewerber freie Gesprächsführung bevorzugen).
4.	Verwendung geprüfter und verankerter (vorzugsweise verhaltensverankerter) Skalen während des Interviews.
5.	Zumindest Ergänzung des Auswahlprinzips von Interviewfragen nach subjektiver Evidenz durch das der empirischen Prüfung von Einzelfragen; validierte Fragen können beispielsweise aus Testverfahren und biographischen Fragebogen übernommen werden.

6.	Je geringer die Standardisierung des Interviews, desto grösser ist der Nutzen des Einsatzes zusätzlicher Beurteiler, vorzugsweise in Form der Durchführung weiterer, unabhängig geführter Gespräche. Auch bei (teil-) standardisierten Interviews lässt die gemeinsame oder getrennte Gesprächsführung durch Mitarbeiter der Personalabteilung und ergänzend der jeweiligen Fachabteilung Verbesserungen erwarten.
7.	Formen von Gruppengesprächen, insbesondere von Gruppendiskussionen, wie sie sich in ähnlicher Form in Assessment Centers bewährt haben, können ergänzende Beiträge zur Prognose leisten.
8.	Trennung von Informationssammlung und Entscheidung, beispielsweise in Form von Notizen oder Skalierungen während des Gesprächs, die erst im Anschluss daran zu einer Gesamtbewertung aggregiert werden.
9.	Gestaltung und standardisierte Durchführung der Gewichtungs- und Entscheidungsprozedur nach psychometrischen Prinzipien.
10.	Vorbereitung der Interviewer durch ein sorgfältig konzipiertes und kompetent durchgeführtes Training.

Abb. 21: Massnahmen zur methodischen Verbesserung des Einstellungsgesprächs

Deutlich wird, dass der Strukturierungsgrad des Interviews und der Auswertung eine grosse Rolle spielt.(vgl. u.a. Wiesner & Cronhaw[122]). Im folgenden sollen verschiedene Formen von strukturierten Vorgehensweisen beschrieben werden, die zum einen den konkreten Anforderungsbezug realisieren, zum anderen sich aber in der Differenziertheit der Auswertegrundlagen und in einigen Aspekten auch in Ihren Grundannahmen unterscheiden.

---

[122] vgl. Wiesner, W. H. & Cronshaw, S. F., A meta-analytic investigation of the impact of interviewformat and degree of structure on the validity of the employment interview, Journal of Occupational Psychology, 61, pp. 422-427, 1988

Klöckner[123] geht davon aus, dass es vier Grundannahmen gibt, wodurch man zukünftiges Verhalten einschätzen und bewertbar machen kann:

1.	zukünftiges Verhalten ist aus vergangenem Verhalten in vergleichbaren Situationen ableitbar
2.	zukünftiges Verhalten ist aus hypothetischem Verhalten in beschriebenen möglichen Situationen ableitbar
3.	zukünftiges Verhalten ist aus gegenwärtigem Verhalten ableitbar
4.	Erwartungen und Überzeugungen bilden gute Prädiktoren für zukünftiges Verhalten

Generell bekannt sind die folgenden strukturierten Interviewformen:

Situational Interview (SI)

Die Basis dieser Interviewform bildet die Goal Setting Theorie. Das Interview erfasst so in der Regel Informationen, wie sich eine Person in bestimmten (tätigkeitsrelevanten) Situationen verhalten würde. Nachdem dem Bewerber verschiedene Situationen benannt werden, soll dieser eigene Ideen, Herangehensweisen im Umgang mit der Situation beschreiben/schildern. Daraus wird eine Verhaltensprognose für spätere reale Situationen abgeleitet. Das Interview basiert auf einem hochentwickelten Beurteilungssystem (vgl. Lathem, Saari, Pursell & Champion[124]).

---

[123] vgl. Klöckner, R., Computerunterstützte Personalauswahl: Entwicklung eines Systems zur Erstellung strukturierter Personalauswahlinterviews. Unveröffentlichte Dissertation, RWTH Aachen, 1993

[124] vgl. Latham, G. P., Saari, L. M., Pursell, E. D., Champion, M. A., The situational interview. Journal of Applied Psychology, 65, pp. 422-427

Behavior Description Interview (BDI)

Diesem Interview liegt die Annahme zu Grunde, dass zukünftiges Verhalten aus vergangenem Verhalten vorhersagbar ist. Im Interview wird die Beschreibung und Reflexion des Verhaltens der Person in zurückliegenden ähnlichen Situationen[125] erarbeitet.

Durch den variablen Erfahrungshintergrund der Personen werden verschieden Szenarien beschrieben, was teilweise die Vergleichbarkeit erschwert, wobei Validierungsstudien für das Verfahren sprechen (vgl. Harries[121]).

Multimodales Interview

Das multimodale Interview nach Schuler[88] weist neben einem hohen Anforderungsbezug ein hohes Mass an Strukturierung auf, wobei es durch seine „freien Teile" auch die Annahme berücksichtigt, dass Bewerber eher freie Interviewteile bevorzugen. Das Verfahren setzt sich nach Schuler aus 7 Komponenten zusammen. Die nachfolgende Abbildung soll dies schematisch verdeutlichen:

Aufbau des multimedialen Interviews:

1.	*Gesprächsbeginn.* Kurze informelle Unterhaltung; Bemühen um angenehme und offene Atmosphäre; Vorstellung; Skizzierung des Verfahrensablaufs; keine Beurteilung.
2.	*Selbstvorstellung des Bewerbers.* Bewerber spricht einige Minuten über seinen persönlichen und beruflichen Hintergrund. Beurteilung nach drei anforderungsbezogenen Dimensionen auf einer fünfstufigen Skala.
3.	*Freies Gespräch.* Interviewer stellt offene Fragen in Anknüpfung an Selbstvorstellung und Bewerbungsunterlagen. Summarische Eindrucksbeurteilung.

---

[125] vgl. Janz, T., Hellervik, L., Gillmore, D. C., Behavior description interviewing, Allyn & Bacon, Boston, 1989

4.	*Biographiebezogene Fragen.* Biographische (oder Erfahrungs-) Fragen werden aus Anforderungsanalysen abgeleitet oder anforderungsbezogen aus biographischen Fragebogen übernommen. Die Antworten werden anhand einer dreistufigen (einfache Fragen) bzw. fünfstufigen (komplexe Fragen) verhaltensverankerten Skala beurteilt.
5.	*Realistische Tätigkeitsinformation.* Ausgewogene Information seitens des Interviewers über Arbeitsplatz und Unternehmen. Überleitung zu situativen Fragen.
6.	*Situative Fragen.* Auf critical-incident-Basis konstruierte situative Fragen werden gestellt, die Antworten werden auf fünfstufigen verhaltensverankerten Skalen beurteilt.
7.	*Gesprächsabschluss.* Fragen des Bewerbers; Zusammenfassung; weitere Vereinbarungen.

Abb.22: Aufbau des multimodalen Interviews nach Schuler

Entscheidungsorientiertes Gespräch

„Ein entscheidungsorientiertes Gespräch ist ein Gespräch, das zur Vorbereitung möglichst zufriedenstellender Entscheidungen nach Kriterien der psychologischen Wissenschaft geplant, durchgeführt und ausgewertet wird." (Westhoff & Kluck[126], Westhoff [127]).

Ziel ist es dabei, ähnlich wie bei den anderen dargestellten Interviewformen, vollständige und valide Informationen zu erhalten, Beurteilungsfehler weitestgehend zu minimieren und dabei die Flexibilität der Gesprächsführung zu erhalten. Der Leitfaden, der sämtliche Fragen, Überleitungen und Zusammenfassungen der einzelnen Gesprächsphasen enthält, ist das „Herzstück" eines umfangreichen Kataloges an methodischen Regeln und Vorschlägen zur Gestaltung des Interviews von der Planungs- bis zur Auswertungsphase.

---

[126] vgl. Westhoff, K. & Kluck, M.-L., Psychologische Gutachten schreiben und beurteilen, 3. überarbeitete und erweiterte Auflage, Springer Verlag, Berlin, 1998
[127] vgl. Westhoff, K., Das psychologisch-diagnostische Interview. Ein Überblick über die Forschung für die Praxis. Report Psychologie, 1, S. 18-24, 2000

Trotz der Existenz der sehr validen Formen des Interviews und der Kritik an den unstrukturierten Gesprächen, spielen die klassischen Formen immer noch eine Rolle. Einen Überblick über mögliche klassische Fragen in Interviews bieten Reichel[114], Lucas[128] etc.

Generell lassen sich in diesen Gesprächen folgende Fragebereiche durch den Interviewer klassifizieren:

- Gesprächseröffnung
- Fragen, die sich auf die Einstellung zur Firma beziehen
- Fragen, die eine Selbstbeschreibung / Selbsteinschätzung als Ziel haben, Fragen zu Kenntnissen / Fertigkeiten
- Fragen zur privaten Situation
- Fragen zur Aufgabenerfüllung und früheren Tätigkeiten
- Fragen zum Thema Veränderung und Gründe für eine Veränderung
- Fragen zum Gehalt und zum Vergütungsrahmen
- Fragen zur Verfügbarkeit und zum möglichen Eintrittstermin
- Vertragspunkte
- Gesprächsabschluss

---

[128] vgl. Lucas, M., Der Econ-Berufsbegleiter, Econ Verlag, Düsseldorf/Wien, 1993

Gespräche im Bereich der Personalentwicklung und Zielvereinbarung

Ähnlich wie die „klassischen" Auswahlgespräche werden auch Gespräche zur Personalentwicklung und zur Zielvereinbarung oft wenig strukturiert geführt. Neben den Prämissen einer guten Gesprächsführung (vgl. Schulz v. Thun[129], Neuberger[130]) sollten die folgenden inhaltlichen Punkte eine Rolle spielen. Wichtig erscheint es uns, dass sich die Gesprächsführenden bewusst machen,

a)	dass es eine Phase vor dem Gespräch gibt, die besonders wichtig für den Gesprächserfolg ist. D.h. diese Gespräche nicht ad hoc laufen sollten, sondern einer ausführlichen Vorbereitung bedürfen.
b)	dass ein Gespräch eine Vorbereitung von *allen Gesprächsteilnehmern* erfordert.
c)	dass die „Arbeit" nicht mit dem Ende des Gesprächs endet, sondern eine Nachbearbeitungsphase angemessen ist.

Aus dem Kapitel vier sollen in Anlehnung an Stroebe[131] und Kohnke[132] nochmals die Aspekte der Zielsetzung aufgegriffen werden. Die Formulierung sollte bestimmten Kriterien genügen, um sicherzustellen, dass alle Beteiligten die Ziele verstehen und nach den Aspekten der Zielsetzungstheorie auch umsetzen können.

---

[129] vgl. Schulz v. Thun, F., Miteinander reden, Bd. 1 und Bd. 2, Rowolth rororo, 1991
[130] vgl. Neuberger, O., Miteinander arbeiten – miteinander reden! Bayrisches Staatsministerium für Arbeit und Sozialordnung, Familie, Frauen und Gesundheit, 1996
[131] vgl. Stroebe, R. W., Führungsstile: Management by Objectives und situatives Führen, 6. Aufl., Sauer Verlag, Heidelberg, 1999
[132] vgl. Kohnke, O., Gestaltung von Zielvereinbarungssystemen für teilautonome Gruppen – Ergebnisse einer Expertenbefragung in der Industrie. In Bungard, W. & Kohnke, O., (Hrsg.), Zielvereinbarungen erfolgreich umsetzen, Gabler Verlag, Wiesbaden, 2000

Dazu werden als Orientierungshilfe die Kriterien nochmals benannt und mit einer Beispielfrage als Anmerkung zur möglichen Umsetzung versehen:

Realistisch:	Ist das Ziel für den Mitarbeiter oder die Gruppe erreichbar?
Herausfordernd:	Wirkt das /die gestellte(n) Ziel(e) motivierend?
Spezifisch/konkret:	Ist das Ziel präzise und individuell formuliert?
Messbar:	Woran erkenne ich, dass das Ziel erreicht wurde? (Kriterien festlegen!)
Beeinflussbar:	Kann der Einzelne, die Gruppe Einfluss haben auf die Zielerreichung?
Ergebnisorientiert:	Gibt es eine finale Formulierung? (Das Ziel ist erreicht, wenn...)
Terminiert:	Bis wann soll das Ziel erreicht sein?
Verbindlich:	Sind die Verantwortlichkeiten und Zuständigkeiten klar geregelt?
Vorteilhaft:	Welchen Nutzen bringt die Zielerreichung (individuell, Gruppe, Unternehmen)

Abb. 23: Rahmenbedingungen des Zielvereinbarungsprozesses nach Becker und Engländer

Becker und Engländer[133] konnten zeigen, dass es eine enge Verbindung zwischen dem erfolgreichen Umsetzen von Zielvereinbarungen und den gegebenen Unternehmensrahmenbedingungen gibt.

Insgesamt wird deutlich, dass der organisationale Kontext eine bedeutende Rolle bei der Umsetzung dieser Instrumente spielt, Personalentwicklung und Organisationsentwicklung eng verzahnt sind.

---

[133] vgl. Becker, K. & Engländer, W., Zielvereinbarung – ein Weg zu motivierten Mitarbeitern. Angewandte Arbeitswissenschaft, 141, S. 23-42, 1994

Assessment Center - Orientierungscenter

Kaum ein Verfahren im Bereich der Personalauswahl und -entwicklung ist in der Diskussion emotional so stark besetzt, wie das Assessment Center.

In seiner langen und wechselreichen Geschichte, deren Ausgangspunkt in der Heerespsychotechnik der Weimarer Republik lag, über die britische Armee und die Agentenauswahl in den USA während des zweiten Weltkrieges reichte und nach der Implementierung in den 50er Jahren bei AT & T einen industriellen Zuschnitt erfuhr, durchlief das Verfahren einige Wandlungen, bis international tätige Unternehmen das Verfahren zurück nach Deutschland brachten (vgl. u.a. Jeserich[99], Obermann[134]). Studien von Krause & Gebert[135] zeigen, dass es in der Gestaltung des Verfahrens heute grosse Unterschiede zwischen der konkreten Umsetzung in den USA und im deutschsprachigen Raum (D, A, CH) gibt.

Was ist die AC-Methode?

Die Assessment-Center-Methode ist „ein systematisches Verfahren zur qualifizierten Feststellung von Verhaltensweisen bzw. Verhaltensdefiziten, das von mehreren Beobachtern gleichzeitig für mehrere Teilnehmer in bezug auf vorher definierte Anforderungen angewandt wird" (Jeserich[99]).

Mit ihr kann man unterschiedliche Zielstellungen verfolgen:
- Auswahl interner oder externer Bewerber
- Erkennen von Führungs- oder Kompetenzpotenzial
- Analyse von Entwicklungs- und Trainingsnotwendigkeiten
- Laufbahn- und Karriereplanung, inkl. Berufsberatung
- Arbeitsplatzgestaltung
- Rehabilitation, Reintegration

---

[134] vgl. Obermann, C., Assessment Center Entwicklung, Durchführung, Trends, Gabler Verlag, Wiesbaden, 1992

[135] vgl. Krause, D. E. & Gebert, D., A comparison of assessment center practices in organizations in German speaking regions and the United States, International Journal of Selection and Assessment, 2000

Kap. 6: Kompetenz-Navigation Profiling für den persönlichen Erfolgskurs

Im deutschsprachigen Europa nehmen die Bereiche der klassischen Personalauswahl und -entwicklung den breitesten Rahmen bei den Einsatzgebieten ein.

Trotz der Unterschiede in der konkreten Umsetzung des Verfahren lässt sich ein verallgemeinerbaren Aufbau, eine Grundstruktur beschreiben.

Verfahrensbausteine

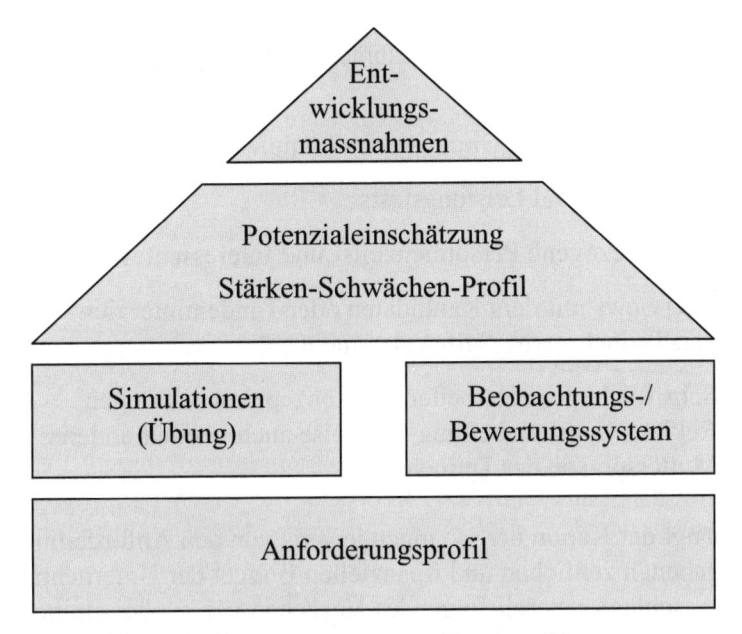

```
                    /\
                   /  \
                  / Ent-\
                 /wicklungs-\
                /massnahmen \
               /─────────────\
              / Potenzialeinschätzung \
             /  Stärken-Schwächen-Profil \
            /─────────────────────────────\
         ┌──────────────┐   ┌──────────────────┐
         │ Simulationen │   │  Beobachtungs-/  │
         │   (Übung)    │   │  Bewertungssystem│
         └──────────────┘   └──────────────────┘
         ┌──────────────────────────────────────┐
         │         Anforderungsprofil           │
         └──────────────────────────────────────┘
```

Abb. 24: Grundaufbau eines AC's nach Grunert & Wind[136], Kemter[137]

Ähnlich wie bei einem guten Haus bildet auch hier die Anforderungsanalyse das Fundament für das konkrete Verfahren, besonders aber für die Gestaltung der Übungen und die Entwicklung des Beobachtungs- und Bewertungssystems, was auch ein Training der Beobachter einschliessen muss.

---

[136] Wind, U. & Grunert, (Kemter) P., Aufbau eines Assessment-Centers, Firmenpräsentation, 1990
[137] vgl. Kemter, P. Handlungsorientiertes Assessment/Orientierungscenter für Existenzgründer und Unternehmer, Tagung der Fachgruppe für Arbeits- und Organisationspsychologie der DGPs, Marburg, 1999

Die häufigsten im AC eingesetzten Übungen sind:

- Arbeitsproben und Aufgabensimulationen (z.B. Postkorb, Fallstudien, Zeitpläne u. a.)
- Gruppendiskussionen mit oder ohne Rollenvorgabe
- Präsentationen in Formen von Selbstpräsentationen oder Präsentationen von Konzepten, die durchaus auch konflikthaltig gestaltet sein können
- Rollenspiele (z.B. Kritikgespräch, Verkaufsgespräch, Teammoderationen)
- Wirtschaftsspiele, Simulationen komplexer Entscheidungen
- Fähigkeits- und Leistungstests
- Berufsbezogene Persönlichkeits- und Interessentests
- Interviews mit dem Kandidaten oder Tandeminterviews zwischen den Teilnehmern / Self-Assessment
- Schriftliche Einzelarbeiten als Konzeptentwicklungen, Reklamationsbearbeitung, teilweise auch in einer anderen als der Muttersprache der Teilnehmer

Dabei hängt der Kanon der Übungen jeweils von den Anforderungen und dem gegebenen zeitlichen und finanziellen Budget der Unternehmung ab. Jeserich[99] schlägt generell folgendes Vorgehen vor, wobei einige wenige Anmerkungen aus den Erfahrungen der praktischen Umsetzung die nachfolgende Abbildung 25 ergänzen sollen:

Wichtig erscheint die Frage der Beobachterauswahl und des Beobachtertraining. Gut erwies sich aus unseren Erfahrung ein gemischtes Beobachterteam, sowohl im Alter und im Geschlecht, als auch von der AC- Erfahrung und der Mischung aus Linie und Management, eventuell auch durchsetzt mit externen Beobachtern. Natürlich sollten die Beobachter über der Zielebene des Beurteilten stehen. Durchaus kontrovers wird der Qualitätsstandard der strikten Trennung von Beobachtung und Bewertung (vgl. Arbeitskreis Assessment Center[138] vs. Schuler[139]) diskutiert, weil sie nach Auffassungen Schulers nicht der sozialen Urteilsbildung entspricht. Ein möglicher Ausweg könnte die Erfassung eines Gesamteindrucks der Wirkung insgesamt sein, die zuzüglich zu den einzelnen Beobachtungs-dimensionen als subjektive Grösse mit erfasst wird. Detaillierte Verhaltensbeschreibungen, ob als Anker oder zur direkten Einstufung erweisen sich als sehr sinnvoll, sollten aber durch qualitative Aspekte durch die Beobachter für den einzelnen und dessen Spezifika bei der Aufgabenbewältigung ergänzt werden.

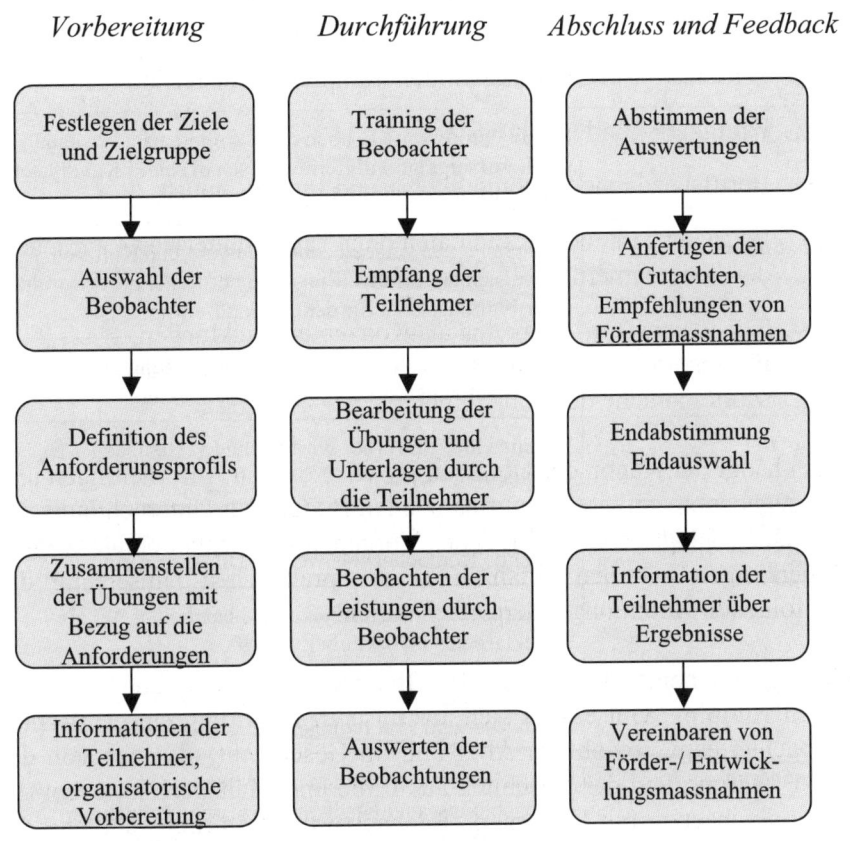

Vorbereitung   *Durchführung*   *Abschluss und Feedback*

Vorbereitung	Durchführung	Abschluss und Feedback
Festlegen der Ziele und Zielgruppe	Training der Beobachter	Abstimmen der Auswertungen
Auswahl der Beobachter	Empfang der Teilnehmer	Anfertigen der Gutachten, Empfehlungen von Fördermassnahmen
Definition des Anforderungsprofils	Bearbeitung der Übungen und Unterlagen durch die Teilnehmer	Endabstimmung Endauswahl
Zusammenstellen der Übungen mit Bezug auf die Anforderungen	Beobachten der Leistungen durch Beobachter	Information der Teilnehmer über Ergebnisse
Informationen der Teilnehmer, organisatorische Vorbereitung	Auswerten der Beobachtungen	Vereinbaren von Förder-/ Entwicklungsmassnahmen

Abb. 25: Ablauf eines Assessment Centers nach Jeserich[99]

---

[138] Arbeitskreis AC: Assessment Center als Instrument der Personalentwicklung: Schlüsselkompetenzen, Qualitätsstandards, Prozessoptimierung, Windmühle, Hamburg, 1996
[139] vgl. Schuler, H., Psychologische Personalauswahl, Einführung in die Berufseignungsdiagnostik, Verlag für angewandte Psychologie, Göttingen, 1995

Detaillierte Ausführungen, auch zu kritischen Aspekten bei AC's, dem Ablauf und der Gestaltung des Verfahrens sollen der spezifischen Literatur vorbehalten bleiben (Arbeitskreis AC[138], Jeserich[99], Fisseni[140], Obermann[134]).

Ebenso wie sich die Anforderungen an komplexe Organisationen und deren Management ändern, durchläuft auch die AC-Methode einen stetigen Entwicklungsprozess. Einige Abwandlungen und neuere Formen sollen in der nächsten Abbildung kurz dargestellt werden.

Planspiel Ansatz	Übungen bauen aufeinander auf; Informationen aus einer früheren Übung können in einer späteren Phase relevant werden.
Förder AC	Erhebt den Anspruch, auch das Lernpotenzial (Produkt aus Lernfähigkeit und Lernbereitschaft) eines Kandidaten einzuschätzen.
Cross Culture AC	Teilnehmer aus verschiedenen Ländern und Kulturen finden sich zusammen; Ziel ist in der Regel die Auswahl einer Führungskraft für den Auslandseinsatz.
Multimedia unterstützte AC	Computergestützte Übungen (z.B. Abbildung von Postkorbübungen, Managementsimulationen).
Single AC	Ein einzelner Bewerber wird anhand verschiedener Übungen bewertet.
Management Portfolio Ansatz	Neben die Führungskompetenz treten die fachliche und sachliche Kompetenz als weitere Dimensionen.
Themenzentriertes AC	Ein konkretes Firmenprojekt wird bearbeitet; AC als Projektarbeit - Projektarbeit als AC.
Lean AC	Anzahl und Umfang der Übungen sowie oft auch die Beobachterzahl sind reduziert.
Orientierungscenter	Unterscheidet sich von den o.g. Arten in den Beobachtungs- und Feedbackprozessen; Teilnehmer analysieren und beobachten sich selbst und die anderen und geben sich gegenseitig Feedback.

Abb. 26: Abwandlungen der klassischen AC- Form (vgl. Jeserich[99])

---

[140] vgl. Fisseni, H.-J. & Fennekels, G. P., Das Assessment Center: Eine Einführung für Praktiker, Hogrefe Verlag, Göttingen, 1995

Aus vielen kritischen Anmerkungen zum AC, wie der Atomisierung von Anforderungen, der Schwierigkeit, Lernaspekte zu erfassen etc. entstanden klassische Schwerpunkte der Entwicklung:

> *Dynamisierung   Prozessorientierung   Ganzheitlichkeit*

Aus den zunehmend organisational sich verändernden Aspekten flossen besonders die folgenden Aspekte als Konsequenz aus der Globalisierung ein: die *Interkulturalität* sowie die *Selbstverantwortung* gewinnt durch den Wertewandel in der postindustriellen Gesellschaft zunehmend an Bedeutung (vgl. auch Weinert[58]).

Entwicklungslinien der AC-Methode im Überblick

Klassische Gestaltung		heutiger Standard	Innovationsausrichtung
Dynamisierung – von isolierten Übungen zur Gesamtsituation			
isolierte Übungen, kein inhaltlicher Kontext	isolierte Übungen, aber inhaltlich verbunden, z.B. ein Tag im Leben eines Filialleiters	sich fortentwickelnde Gesamtsituation mit festgelegtem Ablauf, z.B. Kombination mit Unternehmensplanspiel	sich fortentwickelnde Gesamtsituation mit offenem Ablauf, z.B. Verhaltensplanspiel als AC
Prozessorientierung – von tätigkeitsfernen Inhalten zu konkreten Problemen			
beruflich irreale Situationen ohne Bezug zu tatsächlichen Arbeitsproblemen	potentiell reale Situationen, Übungen aus dem Arbeitsalltag abgleitet	Integration konkreter Arbeitsprobleme durch Workshop-Elemente anstelle abstrakter Gruppenübungen	reales betriebliches Projekt als AC

Klassische Gestaltung	heutiger Standard		Innovationsausrichtung
Ganzheitlichkeit – von der Betrachtung einzelner Kriterien zur Gesamteinschätzung			
skalierte Beurteilung der Teilnehmer anhand einzelner definierter Kriterien	zusätzliche Erfassung von Wahrnehmungen und Präferenzen durch berufsbezogene Persönlichkeitsinventare	Vertiefung der Einschätzung hinsichtlich emotionaler Intelligenz	Erweiterung der Einschätzung um Intuition und Kreativität, neue Handlungsformen und Medien im AC
Interkulturalität – von monokulturellen zu interkulturellen Analysen			
Stärken/ Schwächen-Analyse in bezug auf intrakulturell relevante Fähigkeiten	Schwerpunktbildung im Bereich auch interkulturell bedeutsamer Kriterien	Ausrichtung auf interkulturelle Kompetenz und interkulturelle Übungsinhalte	Einschätzung auf der Basis interkultureller Live-Situationen
Selbstverantwortung – von der Beobachter- zur Selbsturteilung			
reine Fremdeinschätzung der Teilnehmer durch Beobachter	Selbsteinschätzung der Teilnehmer und eventuell Peer-Rating mittels Fragebogen	Einbau von Reflexionsrunden ohne Beobachter	Feedback-Center: AC ohne Beobachter, nur Selbsteinschätzung und Feedback von Kollegen und Moderatoren

Abb. 27: Entwicklungslinien im AC nach IMPETUS Unternehmensberatung[141]

---
[141] vgl. IMPETUS Unternehmensberatung Hamburg, Entwicklungslinien der AC-Methode im Überblick, Hamburg, 1998

Eine konsequente Umsetzung im Abgleich von Selbst- und Fremdbild im Rahmen eines interaktiven Prozesses bietet das Orientierungscenter nach Freund[142], das im Rahmen der Personalentwicklung an Bedeutung gewinnen wird.

Das Grundkonzept ist in der Durchführung von Übungen dem AC ähnlich, bietet aber verschiedene Vorteile.

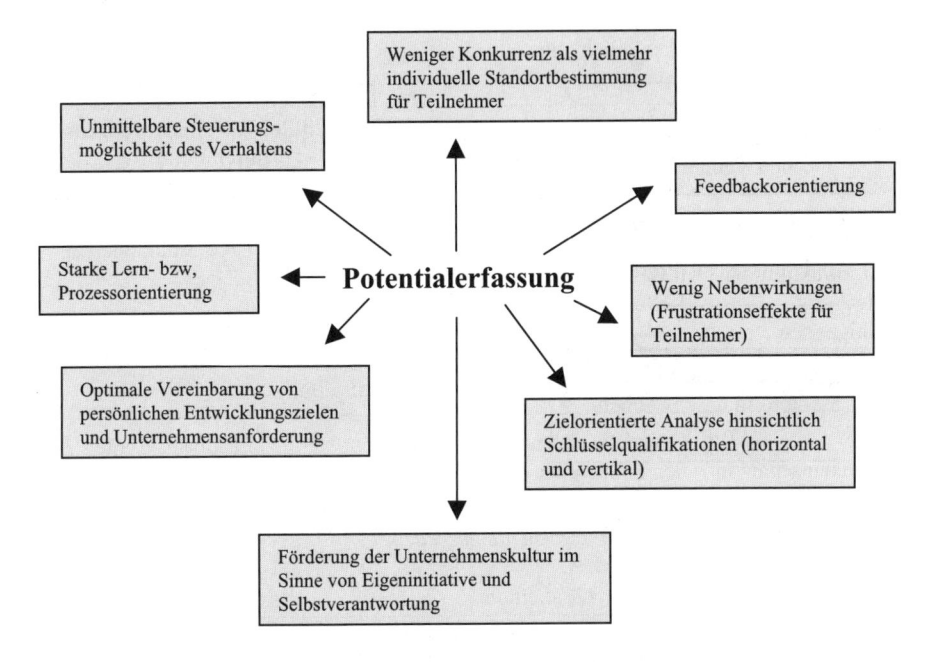

```
                    ┌─────────────────────────────┐
                    │ Weniger Konkurrenz als      │
                    │ vielmehr individuelle       │
                    │ Standortbestimmung          │
                    │ für Teilnehmer              │
                    └─────────────────────────────┘
┌──────────────────────┐                              ┌──────────────────────┐
│ Unmittelbare         │                              │ Feedbackorientierung │
│ Steuerungs-          │                              └──────────────────────┘
│ möglichkeit des      │
│ Verhaltens           │
└──────────────────────┘
                        ←  Potentialerfassung  →
┌──────────────────────┐                              ┌──────────────────────┐
│ Starke Lern- bzw.    │                              │ Wenig Nebenwirkungen │
│ Prozessorientierung  │                              │ (Frustrationseffekte │
└──────────────────────┘                              │ für Teilnehmer)      │
                                                      └──────────────────────┘
┌──────────────────────────┐                          ┌──────────────────────────┐
│ Optimale Vereinbarung    │                          │ Zielorientierte Analyse  │
│ von persönlichen         │                          │ hinsichtlich Schlüssel-  │
│ Entwicklungszielen und   │                          │ qualifikationen          │
│ Unternehmensanforderung  │                          │ (horizontal und vertikal)│
└──────────────────────────┘                          └──────────────────────────┘
                    ┌─────────────────────────────┐
                    │ Förderung der               │
                    │ Unternehmenskultur im       │
                    │ Sinne von Eigeninitiative   │
                    │ und Selbstverantwortung     │
                    └─────────────────────────────┘
```

Abb. 28: Vorteile der Potenzialbestimmung mittels OC nach Freund[142]

---

[142] vgl. Freund, D. Instrumente innovativer Potenzialermittlung und Personalentwicklung – Effizienz durch das Orientierungs-Center (OC) / Feedback-Center (FC), Personalführung, 5, S. 434-442, 1997

Des Grundkonzept des Feedbackprozesses ist in der nächsten Abbildung dargestellt:

**Orientierungs-Center
Feedback Grundraster**

```
              Durchführung der Aufgaben
              /                        \
             ↓                          ↓
  Ausfüllen des                  Ausfüllen des Analysebogens
  Eigenanalysebogens durch       durch Dritte
  den Teilnehmer
             ↓       Feedback
  Abgleich Selbst-/Fremdbild  ←
             ↓
  Erstellen des individuellen
  Stärken- und Schwächen-
  Profils
             ↓
```

Teilnehmer-Rückmeldegespräch

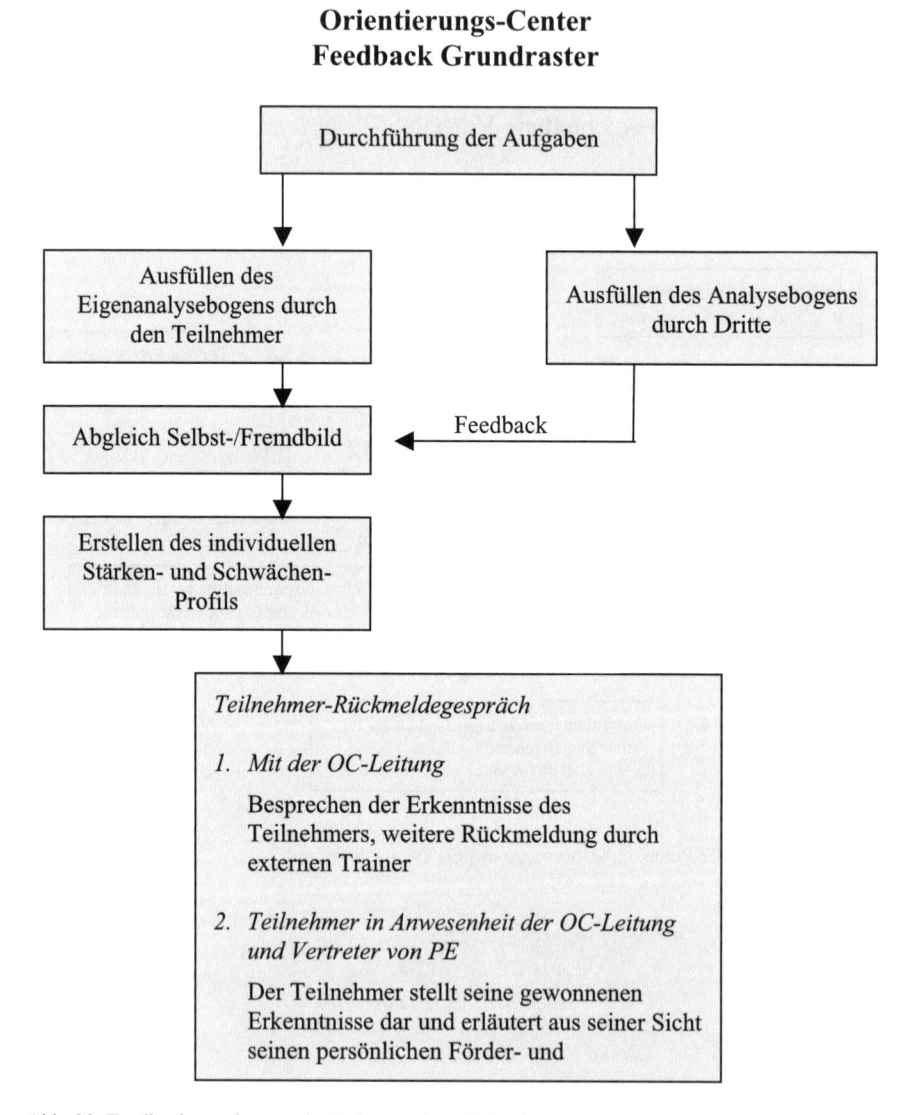

1. *Mit der OC-Leitung*

   Besprechen der Erkenntnisse des Teilnehmers, weitere Rückmeldung durch externen Trainer

2. *Teilnehmer in Anwesenheit der OC-Leitung und Vertreter von PE*

   Der Teilnehmer stellt seine gewonnenen Erkenntnisse dar und erläutert aus seiner Sicht seinen persönlichen Förder- und

Abb. 29: Feedbackgrundmuster im Rahmen eines Orientierungscenters

Die nachfolgenden Grundprinzipien zur Absicherung der Qualitätsstandards in Assessment Centers können als Checkliste und Orientierungshilfe dienen. Grundsätze und Qualitätskriterien für die Entwicklung, Durchführung und Einbettung von Assessment Centers in Unternehmen (vgl. u.a. Sarges[82] und Arbeitskreis AC[138]) sind:

- Trennung zwischen Beobachtung und Bewertung
  ⇨ Vermeiden von Beurteilungsfehlern
- Bewertung nur auf der Basis von beobachtbarem Verhalten
- Einsatz von mehreren *unabhängigen* Personen als Beobachter
  ⇨ Minimierung subjektiver Einflüsse
- Rotation der Beobachter
- Überprüfung jeder Übungskategorie und jeder Anforderungsdimension an jedem Tag
  ⇨ Erfassung von Leistungsschwankungen
- anforderungsbezogene Prüfsituation
  ⇨ Berücksichtigung der Organisationsspezifik
- dem Ziel angemessene Dauer
  ⇨ Chance für „Langsam-Starter"; Erkennen von „Blendern"
- ganzheitliche Betrachtung und Bewertung
- Einbindung in ein umfassendes Personalentwicklungskonzept sowie in eine langfristige Unternehmensstrategie
- Beobachtertraining
- soziale Validität: AC als akzeptierter sozialer Vorgang
  ⇨ Auswahl der Teilnehmer entsprechend der Zielsetzung
  ⇨ Transparenz der Verfahrensdurchführung und der diagnostischen Schlussfolgerungen
  ⇨ Information der Teilnehmer über den Anlass und die Ziele des AC's
  ⇨ Einbeziehung von Mitarbeitern bei der Entwicklung von Übungen in den Ablauf sowie bei der Verwendung von Ergebnissen
  ⇨ offenes und nachvollziehbares Feedback: Fördermassnahmen für alle

Strategische Management Simulationen (SMS) / Planspiele

Die SMS dient dem Training und der Auswahl von Entscheidungsträgern und Mitarbeitern. Es können strukturgleiche, dynamische, interaktive Szenarien eingesetzt werden, in denen Teilnehmer als Einzelpersonen oder als Kleingruppen Entscheidungen frei nach ihrem eigenen Ermessen treffen können. Die SMS bilden ab, wie die Teilnehmer ihren Lösungsweg in komplexen, dynamischen und unsicheren Realitätsbereichen in der Anwendung ihrer exekutiven Kontrollprozesse strukturieren. So lassen sich Aussagen gewinnen, in welchem Ausmass:

- komplexe, sich wandelnde Situationen differenziert wahrgenommen und verfolgt werden können,

- auftretende Ereignisse in ihren Zusammenhängen erkannt und alternativ erklärt werden können,

- multiple und alternative Pläne und Ziele für zukünftiges Handeln entwickelt werden können,

- sequentielle, interaktive Strategien in der Orientierung auf komplexe, mittel- oder langfristige Ziele verfolgt werden können,

- vorgängig getroffene Entscheidungen als Voraussetzungen für nachfolgendes Planungshandeln genutzt werden können,

- Initiative ergriffen werden kann,

- flexibles Handeln in komplexen Zusammenhängen möglich ist,

- entschieden und akzentuiert auf Krisensituationen reagiert werden kann,

- krisenbedingter Stress überwunden und ein breiter, flexibler, strategischer Ansatz in der Auseinandersetzung mit der Problemstellung wieder aufgenommen werden kann.

Die Aufzählung der möglichen zu bewertenden und beobachtenden Aspekte erfolgte in Anlehnung an Geissler & Looss[143].

---

[143] vgl. Geissler & Looss, (Hrsg.) Handbuch der Personalentwicklung, deutscher Wirtschaftsdienst, Köln, 2001

Högsdal[144] stellt eine mögliche Klassifikation von Planspielen vor:

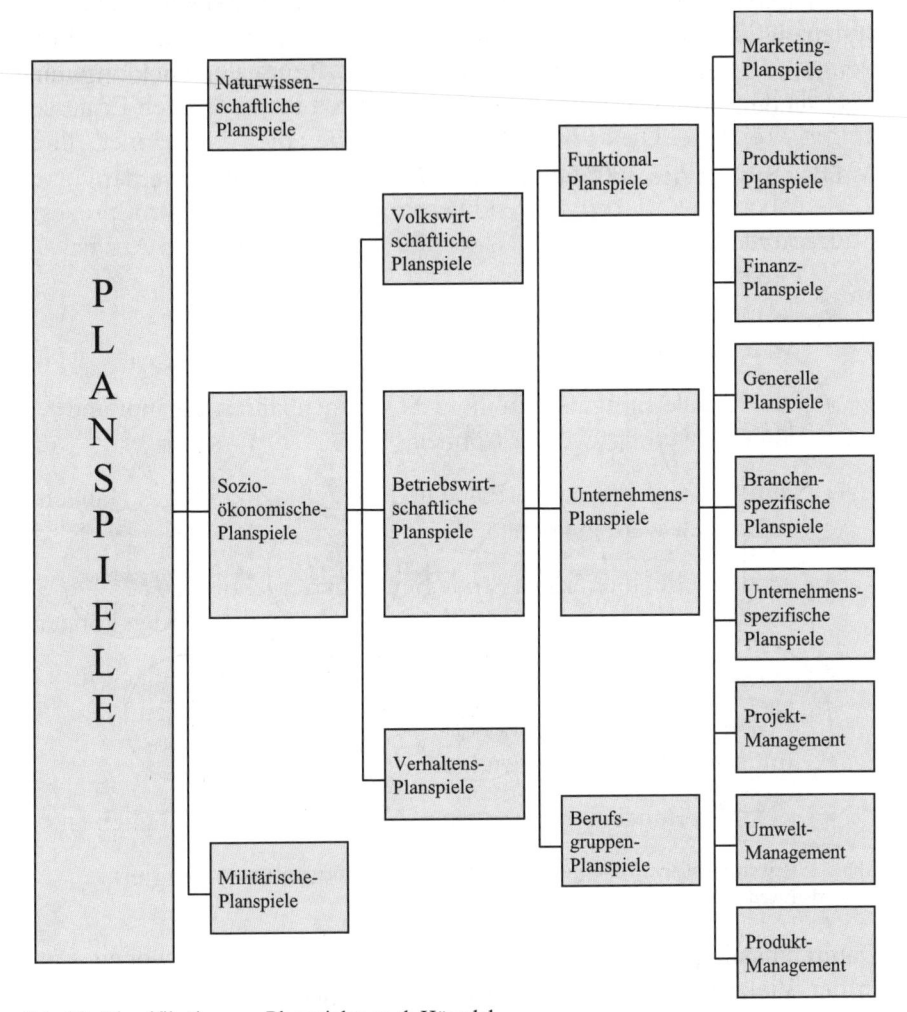

Abb. 30: Klassifikation von Planspielen nach Högsdal

---

[144] vgl. Högsdal, B., Planspiele, Verlag Managerseminare, 1996

360° Feedback/Pesonalbeurteilung

Personalbeurteilung auf der Basis von klassischen Personalbeurteilungssystemen, zunehmend aber auch die Vorgesetzten- und die 360°-Beurteilung, spielen unter dem Fokus der Personalentwicklung eine wachsende Rolle.

Auf das System des 360° Feedbacks soll kurz eingegangen werden.

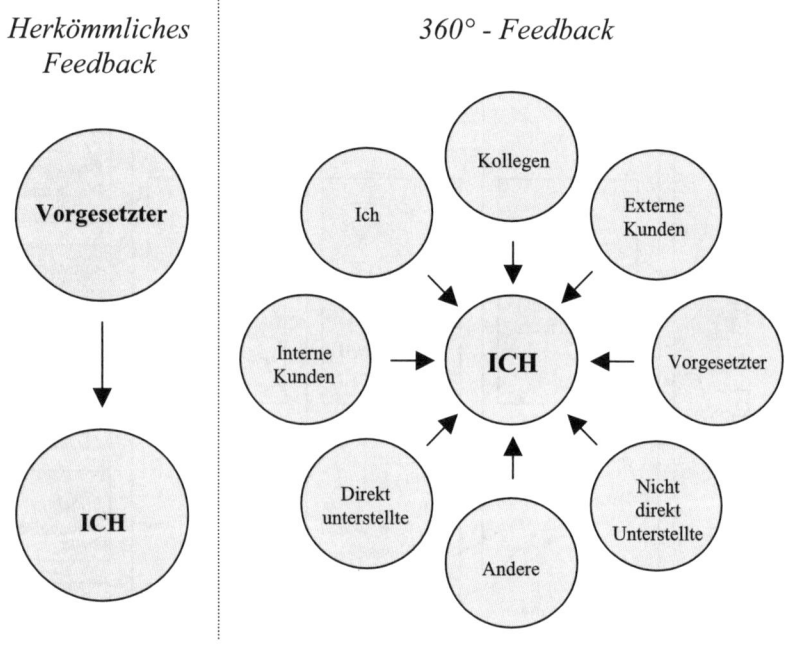

Herkömmliches Feedback   *360° - Feedback*

Abb. 31: Bewertung einer Person gegenüber Mehrfachbewertungssystemen nach Edwards/Ewen[145]

Damit entsteht bei einer umfassenden Beurteilung ein ausgewogenes und in der Vielzahl auch qualitativ besseres Bild der beurteilten Person, als bei der klassischen Vorgesetztenbeurteilung. Betont werden soll, dass 360° Feedback nicht die Vorgesetztenbeurteilung als Bewertung der Resultate ersetzt, sondern ergänzend als Verhaltens- und Kompetenzeinschätzung durch wichtige Gruppen in oder für das Unternehmen gesehen wird.

---

[145] vgl. Edwards, M. R. & Ewen, A. J., 360° Beurteilung, C. H. Beck Wirtschaftsverlag, München, 2000

Welche Schritte für die Entwicklung des Verfahrens und dessen Umsetzung notwendig sind, erläutert die nachfolgende Abbildung:

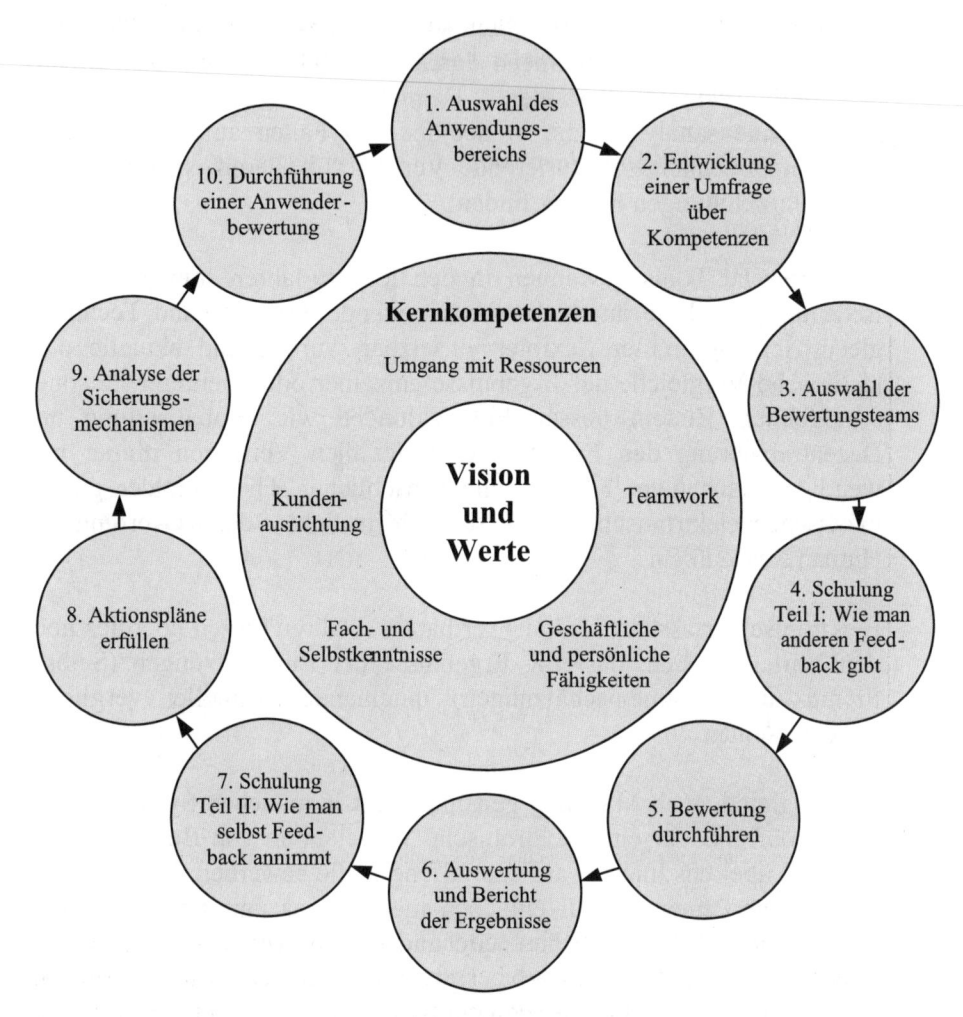

Abb. 32: Modell für die Entwicklung eines 360°-Feedback-Verfahrens (vgl. Edwards/Ewen[145])

Der Bereich der Kompetenz- und Fähigkeiten-Diagnostik wird ergänzt durch die Diagnostik der „Typologien" der Persönlichkeit und durch rechnergestützte Verfahren der Persönlichkeitsdiagnostik. Diese sollen ausgewählt nachfolgende und im Kapitel 7 dargestellt werden.

Elektronische Tools und neuere Verfahren zu bestimmten Themenfeldern

Neben den traditionellen Verfahren sollen nun einige weitere Methoden erwähnt werden, die zunehmend durch die elektronische Unterstützung in den Mittelpunkt der Betrachtung rücken oder als Persönlichkeitsanalysen, die in den meisten Fällen auf typenbildende oder Persönlichkeit strukturierende Verfahren basieren, sehr häufig in den Unternehmungen Einsatz finden.

Elektronische Tools gewannen in den letzten Jahren immer mehr an Bedeutung, weil sie durch die fortschreitende Technik- und Technologieentwicklung immer flexibler einsetzbar wurden und aktuelle oder historische Vergleiche der Ergebnisse einzelner oder mehrerer Personen ermöglichen. Zudem liessen Entwicklungen wie Globalisierung und Dezentralisierung den Einsatz dieser flexiblen Verfahren immer notwendiger erscheinen. Für fast alle betrieblichen Themenfelder gibt es inzwischen elektronische Tools, so auch im Sektor der Bewertung von Human Ressourcen.

Elektronisch erfassbare und auswertbare Verfahren bergen überdies noch den Vorteil in sich, dass die Ergebnisse der Einschätzungen (Selbst-, Fremd- und Teameinschätzungen) miteinander schneller verglichen werden können.

Der Abgleich, auch Matching genannt, dient in manchen Systemen auch als „Grobfilter" für eine elektronische Vorselektion von Bewerbern, die sich z.B. über das Internet auf eine offene Stelle bewerben wollen und im Vorfeld ihr Personenprofil eingeben müssen, das unmittelbar mit dem Anforderungsprofil verglichen wird und eine Bewerbung bei gewissem Übereinstimmungsgrad freigibt. Der Vorteil gipfelt bei diesem Verfahren[146] im Zeit- und Kostengewinn für die Bewerbungsbearbeitung.

---

[146] vgl. Kompetenz-Kompass®, im Internet unter www.inolution.com

Ähnlich der Darstellung zu den „klassischen" Methoden soll es auch hier nicht zu einer vollständigen und detaillierten Auflistung einzelner Verfahren kommen, es sollen jedoch einige Entwicklungen exemplarisch herausgegriffen werden, die aus unserer Sicht wichtige Aspekte abdecken.

Für den Fokus der Arbeitsmotivation entwickelten Obermann & Schiel[147] einen Fragebogen, dessen Idee die Autoren wie folgt beschreiben:„ Der Leistungswille eines Mitarbeiters und damit der wahrscheinliche Berufserfolg sind um so grösser, je stärker sich seine individuellen Arbeitsmotive in der Arbeitssituation verwirklichen lassen". Damit wird inhaltlich auch nochmals der Aspekt der Passung (vgl. Kap. 4) hervorgehoben.

Der Fragebogen zerlegt das sehr globale Konzept der Arbeitsmotivation in einzelne messbare Dimensionen und ermöglicht somit auch die eignen individuellen „Triebfedern" sehr gut zu erkennen. Unternehmensseitig ist, gemäss den Autoren, nach der Erarbeitung eines stellenspezifischen Sollprofils zur Motivation auch ein Einsatz im Auswahlbereich möglich (vgl. Obermann & Schiel[147]).

Angelehnt an das im Kapitel 4 beschriebene Personen-Umwelt-Fit soll noch der **A**llgemeine **I**nteressen-**S**truktur-**T**est -AIST erwähnt werden (Bergmann & Eder[148]), sowie der **d**eutschsprachige **S**elf-**D**irected **S**earch - d-SDS (Jörin, Stoll, Bergmann & Eder[149]), der die genannten sechs Interessensdimensionen einer Person abbildet.

Bereits 1990 entwickelte Schein[150] ein interessantes Konzept, das sich ebenfalls mit Motiven und Zielen, aber auch mit Werten befasste.

---

[147] vgl.Obermann, Ch., OSM Obermann + Schiel Motivationsfragebogen, Obermann + Schiel, Köln, 1999
[148] vgl. Bergmann, Ch. & Eder, F., AIST Allgemeiner Interessen Struktur Test, Beltz Verlag, Göttingen, 1999
[149] vgl. Jörin, S., Stoll, F., Bergmann, Ch., Eder, F., in Zusammenarbeit mit der Bundesanstalt für Arbeit, Nürnberg, d-sds deutschsprachiges Self-Directed Search in Übertragung der amerikanischen Originalfassung von 1995, Verlag Huber, 2001
[150] vgl. Schein in: Stangel-Meseke, M. & Platte, I., Praxisrelevante Psychologische Tests, Ergänzungsblätter, 1997, In Geissler & Looss, (Hrsg.), Handbuch der Personalentwicklung, Deutscher Wirtschaftsdienst, Köln, 1996

Karriereanker (nach Schein)

Folgt man der Auffassung von Schein, dann gibt es acht dominierende arbeitsbezogene Wertvorstellungen, die er Karriereanker nennt:

- Fach- und Sachkenntnisse
- Managementfähigkeiten
- Unabhängigkeit / Autonomie
- Sicherheit / Stabilität
- Unternehmerisches Denken / Kreativität
- Zielorientierung / zum Wohle anderer
- Herausforderungen
- Lebensweise

Dieser qualitative Test basiert auf der Interviewtechnik. Ziel ist die Festellung individueller Karriereanker.

Andere Verfahren greifen spezifische Komponenten von der Person ab, leisten damit Aussagen über Möglichkeiten zur Bewältigung bestimmter Anforderungen. Beispielhaft sei das von Stratemann, Sonnenberg & Wottawa[151] eintwickelte Persönlichkeitsverfahren

Management Potenzial (MAP)

Ein Verfahren zu dem Sarges und Wottawa schreiben, dass es nicht den Anspruch eines kompletten Persönlichkeitsinventars erhebt, sondern dass eine Zusammenstellung von Items enthält, „welche die Bevorzugung bestimmter Arbeits- und Problemlösestile und verschiedener Formen von Kooperation mit Kollegen, Mitarbeitern und Vorgesetzten sowie die konzeptionellen Grundlagen des Führungsverständnisses betreffen".

---

[151] vgl. Stratemann, I., Sonnenberg, H.-G. & Wottawa, H., MAP Test, Verlag Dr. Schuhfried, Möding (A), 2000 oder Swets Test Services, Frankfurt/M., 2000

CAPTain online (nach Petäjävaara & Nagler[152])

Zahlreiche Verfahren versuchen eine ganzheitliche Erfassung der Person, die wiederum an möglichen spezifischen Anforderungskriterien und Mustern gespiegelt wird. Beispielhaft sei hier das Verfahren CAPTain online erwähnt. Es erfasst im wesentlichen die Verhaltensdispositionen im Arbeits- und Leistungsbereich in drei grossen Gruppen, dem Umgang mit Aufgaben, dem Umgang mit Kollegen und dem Umgang mit Mitarbeitern. Zur kriterienorientierten Auswertung, bietet das Verfahren als ein weiteres Plus auch die Möglichkeit einer differenzierten Selbst- und Fremdeinschätzung. Neben der elektronischen Eingabe und Auswertung können Bewertungen mit Textbausteinen elektronisch und automatisch konfiguriert werden und in Form von Leistungseinschätzungen und Potentialaussagen an den Auftraggeber rückgemeldet werden.

Dieser kriteriumsbezogenen Analyse mit einem Abgleich zu möglichen Anforderungsdimensionen haben sich weitere Verfahren wie das DNLA-System verschrieben.

Diese wenigen Beispiele sollen die heterogenen Ansatzpunkte zur Kompetenz- und Fähigkeitenbestimmung deutlich machen.

Nicht bei allen Verfahren, die es auf dem Markt gibt, und deren Zahl ständig wächst, sind die Konstruktionsbasis, die Entstehung der Items, der Modus der Erhebung der Referenzprofile transparent und nachvollziehbar.

Ähnlich wie bei den klassischen Tests sollten Sie sich als Anwender die folgenden Fragen stellen:

Wie ist der Test konstruiert, welche Basis, auch theoretische, gibt es?
Wie entstand die Itemzuordnung zu den Dimensionen?
Wie gross ist die Datenmenge, die zu möglichen Referenzprofilen führte?
Kann ich eigene Referenzprofile einfügen etc.?

---

[152] vgl. Petäjävaara, U. & Nagler, Ch., CAPTain (Computer Aided Personnel Test Answer Inevitable), Jensen International, London, 1983

Auch der Aspekt der Kosten erscheint uns erwähnenswert, der bei sogenannten Potenzialanalysen die Kosten eines „klassischen" Tests leicht um ein Mehrfaches übersteigen kann.

Zunehmend werden auch Testsysteme entwickelt, die in sich eine grosse Flexibilität bieten. Eine erste grobe Übersicht über die Systeme, deren Aufbau und Umsetzung findet sich bei Sarges & Wottawa (s. Kap. 5).

Self-Assessment mit und ohne DV-Unterstützung

Selbstbewertung/-einschätzung spielt im Rahmen der Sicherung des beruflichen Erfolges eine sehr grosse Rolle. Besonders in der Karriere- und Laufbahnentwicklung des Einzelnen können verschiedene Verfahren der Selbstreflexion unter verschiedenen Zielvorstellungen zum Einsatz gelangen. Sehr häufig wird zur Selbstbewertung auf typenbildende Verfahren zurückgegriffen (vgl. nachfolgenden Punkt).

Es gibt wenige standardisierte Verfahren zu dieser Thematik im beruflichen Kontext. Eine Ausnahme stellt der für Evaluierungsvorhaben entwickelte Fragebogen zur „Selbsteinschätzung sozialer Kompetenzen" von Sonntag, Schäfer, Rauser nach Stangel-Meseke & Platte[153] dar.

Neben den häufig kompetenzbezogenen Einschätzungen gibt es in der Zwischenzeit auch Ideen, diese unter den situations- und kriterienorientierten Aspekten zu erfassen.

Erste Ansätze stellt das bereits in Kapitel 4 dargestellte DV- gestützte Self Assessment auf der Basis der **C**ritical **I**ncident **T**echnik dar (vgl. Joos, Kemter, Swoboda (s. Kap. 4).

---

[153] vgl. Stangel-Meseke, M. & Platte, I., Praxisrelevante psychologische Tests, Ergänzungsblätter, 1997. In Geissler & Loss, (Hrsg.), Handbuch der Personalentwicklung, Deutscher Wirtschaftsdienst, Köln, 1996

Verfahren zu Persönlichkeitstypologien und strukturierende Verfahren

Auf die nachfolgenden Verfahren soll deshalb eingegangen werden, weil sie trotz ihrer weiten Verbreitung im Unternehmenskontext nicht so detailliert bekannt erscheinen, wobei der MBTI eine Ausnahme bildet.

Nicht alle der nachfolgend beschriebenen Verfahren werden von den Autoren als Test bezeichnet. Einige werden unter dem Fokus der Potenzialanalysen oder Persönlichkeitsanalysen vermarktet. Ebenfalls einen Überblick über einige der aufgelisteten Verfahren bieten Neuhaus (s. Kap. 5), sowie Sarges und Wottawa (s. Kap. 5).

Die grösste Verbreitung weltweit findet gegenwärtig der in 27 Sprachen erhältliche

MBTI

Allein in den USA ermitteln damit jährlich über 3,5 Millionen Menschen ihr Stärken/Schwächen-Profil. Testautoren sind Briggs & Briggs, Myers[154] in der amerikanischen Orginalversion. Ursprünglich war der Test für Beratungsfirmen konstruiert, findet heute aber auch in anderen Bereichen wie der Organisationsentwicklung Einsatzfelder. Im Selektionskontext sollte das Verfahren mit anderen Methoden kombiniert werden.

---

[154] vgl. Briggs, C. & Briggs Myers, I., Consulting Psychologist Pres, Palo Alto, 1972 oder deutsche Version Beltz-Test, Weinheim, 1991

DISG Persönlichkeitsprofil

Das Verfahren stammt aus den USA und dient besonders der eigenen Stärken/Schwächenanalyse. Das Profil wurde vom Psychologen William Marston und John J. Geier, Professor für Verhaltenspsychologie, entwickelt. Mit dem Verfahren werden vier Typen bzw. Verhaltensstile beschrieben, die auf dem Persönlichkeitsmodell von Marston beruhen, dafür stehen auch die Bezeichnungen, welche die Buchstaben DISG abkürzen: *Dominant - Initiativ - Stetig - Gewissenhaft.*

Den DISG-Test können Sie mit Hilfe des Buches von Gay[155] selbst durchführen und auch selbst auswerten.

H.D.I.®

Das von Ned Herrmann[156,157] entwickelte Inventar wurde weltweit bereits über eine Million mal eingesetzt. Es basiert nicht auf einem psychologisch elaborierten Konstrukt, sondern enthält verschiedene Fragen, deren Beantwortung Hinweise auf Denk- und Verhaltenspräferenzen zulassen. Jeder Mensch besitzt Denk- und Verhaltenspräferenzen, die für ihn typisch sind und gleichzeitig seine Individualität betonen.

Wesentlich erscheint die Aussage, dass das (Herrmann-Dominanz-Instrument) H.D.I.® nach Angaben des Autors nicht als Test, sondern als Möglichkeit der Selbsteinschätzung gesehen wird und durch die Sichtweisen anderer ergänzt werden kann.

---

[155] vgl. Gay, F., Das DISG-Persönlichkeitsprofil, Verlag Gabal, Offenbach, 2000
[156] vgl. Herrmann, N., Kreativität und Kompetenz, Verlag Paida, Fulda, 1991
[157] vgl. Herrmann, N., Das Ganzhirnkonzept für Führungskräfte, Verlag Ueberreuter, 1997

Ned Herrmann entwarf ein Modell, das die Denk- und Verhaltensweise in vier Kategorien unterteilt, dem er gleichzeitig bestimmte Fähigkeiten, Stile, Wirkung auf andere, bevorzugte Interessen oder Aspekte durch die eine Person motiviert wird, zuordnet. Damit wird aber der Komplexität der Arbeit des menschlichen Gehirns nicht völlig Rechnung getragen.

Das H.D.I.® hat seit seiner Entwicklung in folgenden Bereichen Anwendung gefunden: Selbsterkenntnis, Coaching, Berufszielfindung, Berufsberatung, Personalberatung, Partnerschaftsberatung, Lernstilanalyse, Teamentwicklung, Projektmanagement, Seminarentwicklung Kreativitätstraining, Verkaufstraining und Führungskräftetraining

Struktogramm

Das Struktogramm, inzwischen auch Triogramm genant, wird auf der Basis der Biostrukturdatenanalyse und somit auf naturwissenschaftlicher Basis erstellt. Das Verfahren wurde Ende der 70er Jahre von Schirm entwickelt. Schirm und Schoemen[158] stellen die Entwicklungen der Methode und deren Hintergründe und Weiterentwicklungen differenziert dar. Basis ist die genetisch bedingte Struktur der Persönlichkeit, die Schirm auf die drei Gehirnbereiche Stammhirn, Zwischenhirn und Grosshirn zurück führt.

Das Verfahren sei auch (nach Autorenangaben) kein typenbildendes Verfahren, wie andere hier vorgestellte Modelle. Der Wert des Verfahrens liegt darin, viel über die eigene Person im Bereich ihrer Stärken und Schwächen zu erfahren und mögliche Konfliktpotenziale zu erkennen.

---

[158] vgl. Schirm, R. & Schoemen, J., Evolution der Persönlichkeit – Die Grundlagen der Biostrukturanalyse, 10. überarbeitete Aufl., 2001

KODE® und KODE®X

Im Handbuch der Kompetenzmessung[159] sind zahlreiche Testverfahren beschrieben, u.a. auch das von John Erpenbeck, Volker Heyse und Horst Max entwickelte Verfahren der **Ko**mpetenz-**D**iagnose und -**E**ntwicklung - KODE® und KODE®X - Kompetenz Explorer. Wir entnehmen aus dem Handbuch auszugsweise folgende Teile der Beschreibung:

...KODE® ist ein objektivierendes Einschätzungsverfahren für den Vergleich von Kompetenzausprägungen. Die Einschätzungsergebnisse werden quantifiziert und ggf. in zeitlicher Entwicklung verglichen. Es hat die Gesamtheit der Grundkompetenzen im Blick und knüpft methodologisch an klassische Satzergänzungsverfahren der Psychologie an, sowie an Teileelemente des von Stuart Atkins und Allen Kalcher entwickelten, in Deutschland von René Bergermaier und Reiner Czichos angepassten und bezüglich Interpretations- und Trainingshilfen weiterentwickelten LIFO® Systems. (von Life Orientation)...

...Das KODE®X -System wurde parallel zu KODE® (Kompetenz-Diagnose und -Entwicklung) erarbeitet. Es baut auf dem gleichen theoretischen Kompetenzmodell auf und verfeinert es durch weiterführende instrumentelle Entwicklungen und Bestätigung... Beide Verfahren dienen zur Ermittlung des Kompetenzpotenzials von Personen, Teams oder Organisationen.

Kompetenz-Kompass®

Mit der in den Sprachen Deutsch, Französisch, Englisch, Italienisch und Spanisch einsetzbaren HR-Software Kompetenz-Kompass® (vgl. Handbuch Kompetenzmessung, S. 386 ff.) können praktisch alle Aufgaben eines modernen Human Resource Management vom kompletten Bewerbermanagement bis zur Verwaltung der Aus- und Weiterbildungsaktivitäten systemisch verwaltet werden. Die HR-Software kann über Schnittstellen und automatische Transferprozesse im Vorfeld definierte Personaldatensätze aus den Lohn- und Gehaltsprogrammen direkt übernehmen, bzw. an diese übergeben.

---

[159] vgl. Erpenbeck, J., von Rosenstiel, L., (Hrsg.), Handbuch Kompetenzmessung, Schäffer Poeschel Verlag, Stuttgart, 2003

7. Prozessorientierte Schlüsselkriterien in der Personalen-, Fach-, Methoden- und Sozialkompetenz

- Die Kompetenz-Navigation mit COMPRO+® in der Übersicht
- Prozessorientierte Gliederung der Funktionen
- Anforderungsprofile an Beispielen einer operationellen Funktion, einer operationellen und einer strategischen Führungsfunktion
- Katalog der standardisierten Stellenprofile in 12 Branchen
- COMPRO+® als idealer Gesprächsleitfaden für Bewerber- und Qualifikationsgespräche

Die Kompetenz-Navigation mit COMPRO+® in der Übersicht

Die vorangegangen Kapitel haben gezeigt, dass der Bestimmung der sich ständig verändernden Anforderungen, deren Widerspiegelung im subjektiven Erleben und deren Messung eine grosse Bedeutung beigemessen werden sollte. Auch Fähigkeiten und Fertigkeiten, teilweise auch Persönlichkeitsmerkmale erscheinen veränderbar. (vgl. Guthke & Wiedel[160], Hacker[161,162]).

Die bisher eingesetzten Diagnoseinstrumente, stellen aber immer noch häufig Status- oder Einpunktmessungen dar. Lernprozesse werden dabei kaum abgebildet, wobei der Aspekt des lebenslangen Lernens und der Lernfähigkeitsdiagnostik immer wieder diskutiert und angeregt wurde. (vgl. Guthke und Wiedel[160], Sarges[163]). Gleichzeitig wurde auch deutlich, dass sich eine verstärkte Tätigkeits- und Handlungsorientierung als Konstruktionsgrundlage für diagnostische Verfahren immer mehr durchsetzt.

---

[160] Guthke,J. & Wiedel, K.H., Dynamisches Testen- Zur Psychodiagnostik der intraindividuellen Variabilität: Grundlagen, Verfahren, Anwendungsfelder. Verlag Hogrefe, Göttingen, 1996
[161] Hacker, W., Arbeitspsychologie, Deutscher Verlag der Wissenschaften, Berlin, 1986
[162] Hacker, W., Allgemeine Arbeitspsychologie- Psychische Regulation von Arbeitstätigkeiten., Verlag Huber, Bern, 1998
[163] Sarges, W., Lernpotential- Assessment-Center. In W. Sarges, (Hrsg.), Weiterentwicklungen der Assessment - Center-Methode (S.97-108), Verlag Hogrefe, Göttingen, 1996

Als ein wesentlicher Baustein dafür kann die Handlungsregulationstheorie nach Hacker (1986, 1998) angesehen werden, die sich in fünf verschiedene strukturelle Komponenten unterteilen lässt:

- zyklische Basiseinheit
- Komponenten des Handlungsprozesses
- Hierarchisch-sequentielle Organisation
- Vollständigkeit der Tätigkeit
- Regulationsebenen von Handlungen

Für unsere Aspekte der Verfahrenskonstruktion und des Verfahrenseinsatzes erscheinen besonders die ersten beiden Strukturkomponenten relevant.

Aus der zyklischen Basiseinheit, deren Grundidee grob mit einem Regelkreis beschreibbar ist: **Zielvorgabe - Veränderungsprozess - Rückmeldung** sind die Grundgedanken der Soll-Ist-Profile, des gezielten Feedbacks und der abzuleitenden Entwicklungsschritte auf einem konkreten tätigkeitsbezogen Hintergrund. Zusätzlich wurden die Komponenten des gezielten Selbst- und Fremdbildabgleichs mit aufgenommen.

Die **Komponenten des Handlungsprozesses** (Richten - Orientieren - Entwerfen - Entscheiden - Kontrollieren in ihrer jeweiligen Verzahnung) finden einen Niederschlag in der prozess- und tätigkeitsorientierten Verfahrenskonstruktion.

Dieser Fakt ist ein Aspekt, wodurch sich der Kompetenz-Navigator Compro+® von anderen Methoden abhebt, sich unterscheidet.

Dieses Navigationsinstrument basiert auf dem Abgleich von prozessorientierten Stellenanforderungen, die in mehrjähriger Arbeit aus über 8'000 Assessments sorgfältig zusammengetragen wurden, und den Personenprofilen.

Die Stellenanforderungen können mit den Anforderungen aus einer Teamanalyse kombiniert werden. Damit wird eine Stelle nach ihren, für die Teamperformance relevanten Anforderungen definiert.

Prozessorientierte Gliederung der Funktionen

Der Kompetenz-Navigator COMPRO+® gliedert die Stellen/Funktionen in:

- **operationelle Funktionen** (Mitarbeiter-/Fachkraftebene)
- **operationelle Führungsfunktionen** (Projekt-, Gruppen, Team-, Abteilungs- und Bereichsleiter)
- **strategische Führungsfunktionen** (Unternehmer, Mitglieder der Firmen- und Konzernleitung, Geschäftsführer, Aufsichtsräte)

Die Selbst- und Fremdeinschätzungen können, bezogen auf ein jeweils relevantes Anforderungsprofil, mit dem Ziel einer Stärken-Defizit-Analyse gegen einander abgeglichen werden. Ein Vergleich mehrerer Profilauswertungen, z.B. bei Bewerberselektionen oder einer Teameinschätzung ist über das Erstellen einer Rankingliste möglich.

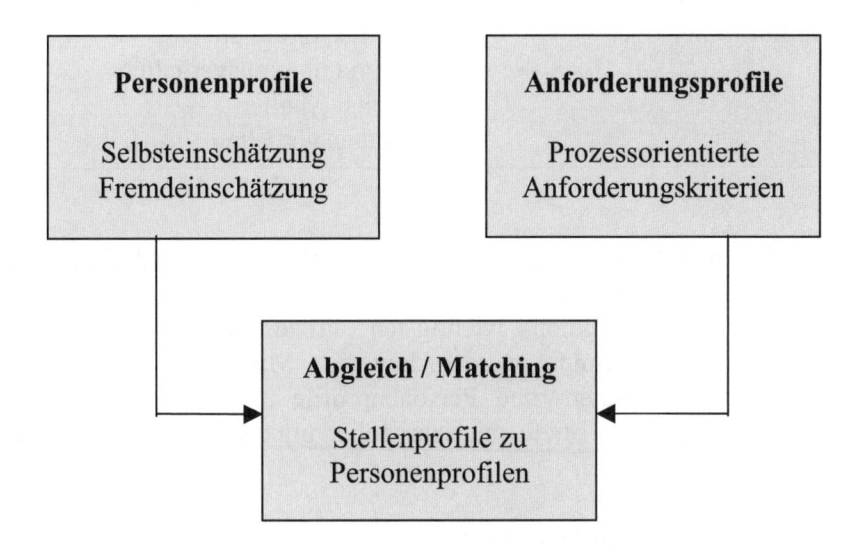

```
┌─────────────────────────┐      ┌─────────────────────────┐
│     Personenprofile     │      │   Anforderungsprofile   │
│                         │      │                         │
│     Selbsteinschätzung  │      │     Prozessorientierte  │
│     Fremdeinschätzung   │      │   Anforderungskriterien │
└───────────┬─────────────┘      └───────────┬─────────────┘
            │                                │
            │      ┌──────────────────┐      │
            └─────▶│ Abgleich / Matching │◀───┘
                   │                      │
                   │   Stellenprofile zu  │
                   │    Personenprofilen  │
                   └──────────────────────┘
```

COMPRO+® unterstützt die Anforderungen der Norm DIN 33430 und der europäischen Norm ISO IEC 17024 (Qualitätsmanagement im Personalwesen, insbesondere in der Personalentwicklung).

Anforderungsprofile und Personenprofile können aus dem Katalog der Anforderungskriterien aus den 4 Kompetenz-Kategorien mit ihren jeweils 4 Unterkategorien generiert werden:

Personale Kompetenzen	Charaktereigenschaften Handlungsqualitäten Innovationspotenzial Eigenverantwortlichkeit
Fachkompetenzen	Denkpräferenzen Kommunikationsfähigkeiten Grundkenntnisse Fach-/Spezialkenntnisse
Methodenkompetenzen	Denkmethodik Kommunikationstechniken Grundfertigkeiten Fach-/Spezialfertigkeiten
Sozialkompetenzen	Interessenpräferenzen Kommunikationsverhalten Arbeitsverhalten Führungsverhalten

In den einzelnen Unterkategorien sind für die 4 o.a. Funktionsebenen je maximal 48 Kriterien zugeordnet, die aus den für die erfolgreiche Ausübung einer Funktion wichtigsten Prozessbeschreibungen als Schlüsselkriterien definiert werden konnten. Mit ihnen lassen sich prozessorientierte Stellen- und Personenprofile in jeder gewünschten Evaluierungsbreite und -tiefe mit sehr hoher praxisbezogener Validität generieren.

Die individuell wählbare Evaluierungsbreite ergibt sich nach der Anzahl der berücksichtigten Schlüsselkriterien. Das gröbste Kriterienraster für einfache operationelle Funktionen umfasst 15, das feinste 45 Kriterien. Für operationelle und strategische Führungsfunktionen bewegt sich die Evaluierungsbreite zwischen 16 und 48 Schlüsselkriterien.

Die Evaluierungsbreite beeinflusst die Qualität der Profile meistens nur darin, dass bei Anforderungsprofilen mit 16 - 20 Schlüsselkriterien in der Regel Ausprägungsgrade mit Sollwerten zwischen 80% und 100% erreicht werden sollten. Bei mittlerer Evaluierungsbreite mit 24 – 32 Kriterien liegen die Sollwerte zwischen 60% und 100%. Die maximale Evaluierungsbreite ist schon deswegen nicht empfehlenswert, weil die Beurteilung von mehr als 32 Kriterien in der Selbst- und Fremdeinschätzung kaum mehr zu bewältigen ist.

Die Evaluierungstiefe, also der Ausprägungsgrad eines Kriteriums, basiert auf der Einschätzung von 5, das Kriterium prägenden Prozessbeschreibungen, zu denen man den jeweiligen Ausprägungs- oder Erfüllungsgrad mit einer 5er Werteskala (100%, 80%, 60%, 40%, 20%) oder einer 10er Wertskala (10%, 20%, 30% bis 100%) einschätzen muss. Eine 7er Wertskala steht ebenfalls zur Verfügung.

Ein Kernstück von COMPRO+® ist die automatische Generierung des Einschätzungsbogens nach den relevanten Schlüsselkriterien eines Anforderungsprofils. Das Verfahren einer prozessorientierten Einschätzung wurde deshalb gewählt, weil der Ausprägungs-, bzw. Erfüllungsgrad der einzelnen Kriterien über deren, in der Praxis beobachtbaren, Prozesse in der Selbst- und Fremdeinschätzung zutreffender und objektiver beurteilt werden können als bei rein hypothetischen und vielfach zu summarisch formulierten Merkmalen, bei denen häufig schon die Erklärung der Begriffe verschiedenartig interpretiert und verstanden werden.

Beispiel: Arbeitsablaufkenntnisse

- Ausprägungsgrad der Erfahrung im eigenen Funktionsbereich
- Kenntnisstand der im Funktionsbereich praktizierten Arbeitsabläufe
- Fähigkeit, andere in Arbeitsabläufen sachkundig zu unterweisen
- Fähigkeit, neue Arbeitsabläufe in Arbeitsgruppen zu integrieren
- Fähigkeit, Konflikte in Arbeitsprozessen rasch zu erkennen und zu beheben

Anforderungsprofile an Beispielen einer operationellen Funktion, einer operationellen und einer strategischen Führungsfunktion

Durch einige Anwendungsbeispiele soll die Funktionsweise von COMPRO+® etwas ausführlicher dargestellt werden. Gewählt wird das Anforderungsprofil für eine Fachkraft im Verkauf von Maschinen im Sinne einer Verkaufsberaterin, eines Verkaufsberaters. Das entworfene Anforderungsprofil umfasst in mittlerer Evaluierungsbreite die folgenden 28 Schlüsselkriterien, die auf Junior- und Seniorniveau in zwei Evaluierungstiefen definiert wurden:

Personale Kompetenz

Charaktereigenschaften	Ausprägungsgrad	
	Junior	Senior
Loyalität	5	5
Glaubwürdigkeit	5	5

Handlungsqualität	Ausprägungsgrad	
	Junior	Senior
Zuverlässigkeit	5	5

Innovationspotenzial	Ausprägungsgrad	
	Junior	Senior
Ideenreichtum	3	4
Innovationsumsetzung	3	5

Eigenverantwortlichkeit	Ausprägungsgrad	
	Junior	Senior
Arbeits-/Zeitplanung	3	4
Flexibilität	4	4

Fachkompetenz

Denkpräferenzen	Ausprägungsgrad	
	Junior	Senior
Logisches Denken	4	4
Vernetztes Denken	3	4

Kommunikationsfähigkeiten	Ausprägungsgrad	
	Junior	Senior
Ausdrucksfähigkeit	3	4
Verhandlungsfähigkeit	3	5

Grundkenntnisse	Ausprägungsgrad	
	Junior	Senior
EDV-Kenntnisse	2	3
Maschinen-/Gerätekenntnisse	3	5

Fach-/Spezialkenntnisse	Ausprägungsgrad	
	Junior	Senior
Branchenkenntnisse	2	4
Produktkenntnisse	2	5

Methodenkompetenz

Denkmethodik	Ausprägungsgrad	
	Junior	Senior
Kundenorientierung	3	5
Nutzenorientierung	3	4

Kommunikationstechniken	Ausprägungsgrad	
	Junior	Senior
Präsentationsfähigkeit	3	5
Argumentationsstärke	2	5

Grundfertigkeiten	Ausprägungsgrad	
	Junior	Senior
Arbeitstechniken	3	4
Organisationstalent	2	4

Fach-/Spezialfertigkeiten	Ausprägungsgrad	
	Junior	Senior
Umsetzungsfähigkeit	2	4
Selbständiges Arbeiten	3	5

Sozialkompetenz

Interessenpräferenzen	Ausprägungsgrad	
	Junior	Senior
Technisches Interesse	4	5

Kommunikationsverhalten	Ausprägungsgrad	
	Junior	Senior
Dialogfähigkeit	4	5
Improvisationsfähigkeit	3	4

Arbeitsverhalten	Ausprägungsgrad	
	Junior	Senior
Veränderungsbereitschaft	4	4
Leistungsbereitschaft	4	5

Punktezahl Total	**90**	**125**

Die beiden Stellenprofile zeigen, dass der Fachverkäufer auf dem Juniorniveau ein Punktetotal von 90, auf dem Seniorniveau mit ein paar Jahren Erfahrung ein solches von 125 aufweisen sollte.

Die Differenz von 35 Punkten stellt den Entwicklungsbedarf durch interne und externe Trainings dar. Ein Teil dieser Entwicklung wird durch die in der Praxis gewonnene Erfahrung eingebracht, der andere Teil durch gezielte Fördermassnahmen.

Die Entwicklungsschwerpunkte können in Compro+® auch aus einer Grafik entnommen werden:

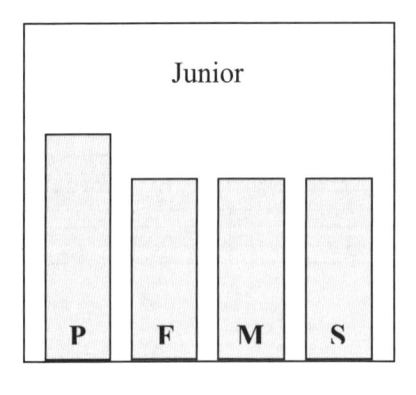

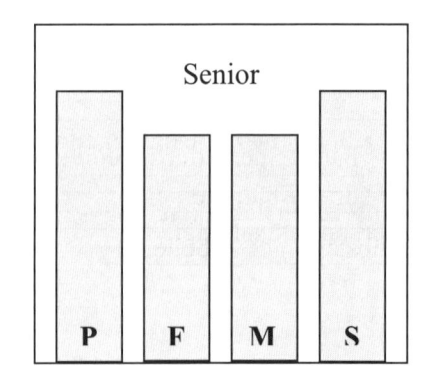

Kap. 7: Kompetenz-Navigation | Profiling für den persönlichen Erfolgskurs

Stellenprofil am Beispiel eines Abteilungsleiters Vertrieb (operationelle Führungsfunktion):

Personale Kompetenz

Charaktereigenschaften	Ausprägungsgrad	
	Junior	Senior
Optimismus	4	4
Glaubwürdigkeit	5	5

Handlungsqualität	Ausprägungsgrad	
	Junior	Senior
Durchsetzungsfähigkeit	5	5
Kooperationsfähigkeit	5	5

Innovationspotenzial	Ausprägungsgrad	
	Junior	Senior
Innovationsumsetzung	4	5
Veränderungsbereitschaft	4	5

Eigenverantwortlichkeit	Ausprägungsgrad	
	Junior	Senior
Verantwortungsübernahme	4	5
Entscheidungsbeständigkeit	3	4

Fachkompetenz

Denkpräferenzen	Ausprägungsgrad	
	Junior	Senior
Strukturiertes Denken	4	4
Konzeptionelles Denken	4	5

Kommunikationsfähigkeiten	Ausprägungsgrad	
	Junior	Senior
Ausdrucksfähigkeit	3	4
Verhandlungsfähigkeit	3	5

Grundkenntnisse	Ausprägungsgrad	
	Junior	Senior
EDV-Kenntnisse	3	4
Prozesskenntnisse	3	5

Fach-/Spezialkenntnisse	Ausprägungsgrad	
	Junior	Senior
Finanzkenntnisse	3	4
Planungskenntnisse	3	5

Methodenkompetenz

Denkmethodik	Ausprägungsgrad	
	Junior	Senior
Kundenorientierung	3	5
Marktkenntnisse	3	5

Kommunikationstechniken	Ausprägungsgrad	
	Junior	Senior
Moderationsfähigkeit	3	5
Argumentationsstärke	3	5

Grundfertigkeiten	Ausprägungsgrad	
	Junior	Senior
Systematik	3	4
Entscheidungsfähigkeit	2	5

Fach-/Spezialfertigkeiten	Ausprägungsgrad	
	Junior	Senior
Qualifikationsfähigkeit	2	4
Verfahrenskenntnisse	3	5

Kap. 7: Kompetenz-Navigation   Profiling für den persönlichen Erfolgskurs

Sozialkompetenz

Interessenpräferenzen	Ausprägungsgrad	
	Junior	Senior
Wirtschaftsinteresse	3	4
Technisches Interesse	3	5

Kommunikationsverhalten	Ausprägungsgrad	
	Junior	Senior
Begeisterungsfähigkeit	4	5
Überzeugungskraft	3	5

Arbeitsverhalten	Ausprägungsgrad	
	Junior	Senior
Leistungsorientierung	4	5
Zielorientierung	3	5

Führungsverhalten	Ausprägungsgrad	
	Junior	Senior
Ergebnisorientierung	3	5
Wahrnehmungsvermögen	3	5
Punktzahl Total	**108**	**151**

Was in diesen beiden Profilvergleichen auffällt, ist die relativ grosse Differenz des Ausprägungsgrades zwischen Junior- und Seniorniveau. Die Erfahrung zeigt, dass generell bei operationellen Führungsfunktionen die Einstiegswerte fast durchwegs von der operationellen Funktion abgeleitet werden, dementsprechend also eher niedrig angesetzt werden. Mit den Praxisjahren werden die Erwartungen entsprechend höher gesetzt, was wiederum auch aus den Grafiken ersichtlich ist.

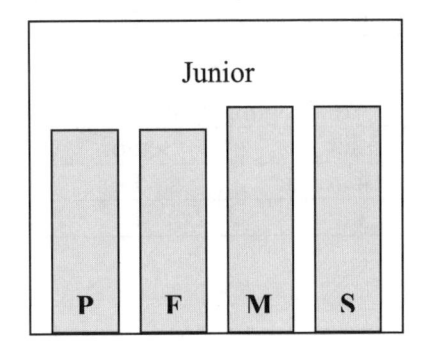

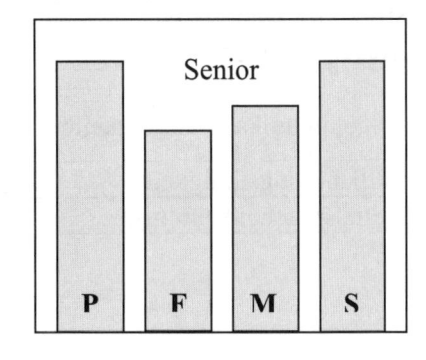

Stellenprofil am Beispiel eines Vertriebsvorstandes (strategische Führungsfunktion):

Personale Kompetenz

Charaktereigenschaften	Ausprägungsgrad	
	Junior	Senior
Willensstärke	4	5
Belastbarkeit	4	5

Handlungsqualität	Ausprägungsgrad	
	Junior	Senior
Gestaltungswille	4	5
Durchsetzungsfähigkeit	4	5
Folgebewusstsein	4	5

Innovationspotenzial	Ausprägungsgrad	
	Junior	Senior
Schöpferisches Denken	4	4
Zielorientierung	4	5

Eigenverantwortlichkeit	Ausprägungsgrad	
	Junior	Senior
Verantwortungsübernahme	4	5
Entscheidungsbeständigkeit	4	5

Fachkompetenz

Denkpräferenzen	Ausprägungsgrad	
	Junior	Senior
Strukturiertes Denken	4	4
Konzeptionelles Denken	4	4

Kommunikationsfähigkeiten	Ausprägungsgrad	
	Junior	Senior
Verhandlungsfähigkeit	4	5
Fremdsprachenkenntnisse	3	4

Grundkenntnisse	Ausprägungsgrad	
	Junior	Senior
Führungswissen	4	5
EDV-Kenntnisse	3	4

Fach-/Spezialkenntnisse	Ausprägungsgrad	
	Junior	Senior
Branchenkenntnisse	3	5
Marketingkenntnisse	3	5

Methodenkompetenz

Denkmethodik	Ausprägungsgrad	
	Junior	Senior
Marktkenntnisse	3	5
Gewinnorientierung	4	5

Kommunikationstechniken	Ausprägungsgrad	
	Junior	Senior
Argumentationsstärke	3	5
Strategieformulierung	3	4
Kommunikationsfähigkeit	4	5

Grundfertigkeiten	Ausprägungsgrad	
	Junior	Senior
Entscheidungsfähigkeit	3	5
Zeitmanagement	3	4

Fach-/Spezialfertigkeiten	Ausprägungsgrad	
	Junior	Senior
Problemlösungsfähigkeit	3	4
Delegationsfähigkeit	4	5

Sozialkompetenz

Interessenpräferenzen	Ausprägungsgrad	
	Junior	Senior
Wirtschaftsinteresse	3	4
Ethische Einstellung	3	4
Soziale Intelligenz	3	5

Kommunikationsverhalten	Ausprägungsgrad	
	Junior	Senior
Beziehungsfähigkeit	4	5
Konfliktlösungsfähigkeit	3	5

Arbeitsverhalten	Ausprägungsgrad	
	Junior	Senior
Leistungsorientierung	4	5
Förderungsbereitschaft	3	5

Führungsverhalten	Ausprägungsgrad	
	Junior	Senior
Risikobereitschaft	3	5
Repräsentationsfähigkeit	4	5
Wahrnehmungsvermögen	3	5
Punktezahl Total	**127**	**170**

Auch bei den Anforderungsprofilen für strategische Führungsfunktionen ist auch aus der Gegenüberstellung der Grafiken zu erkennen, dass die Erwartung auf Seniorniveau im Vergleich zum Juniorniveau relativ hoch ist.

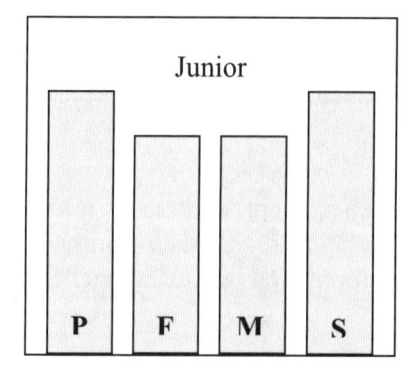

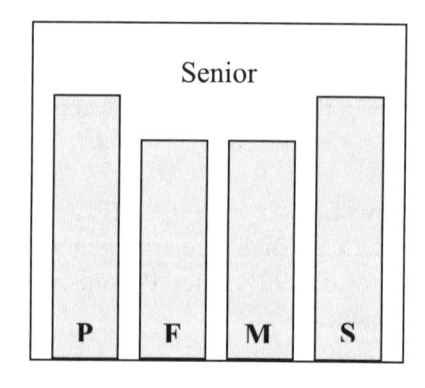

Man erwartet ganz allgemein von einer Person, die mit einer strategischen Funktion betraut ist, dass sie auf Seniorniveau praktisch alle, zu den einzelnen Kriterien zugehörigen Prozesse beherrscht. Jemand, der diese Erwartungen erfüllt, ist deshalb auch sehr schwierig zu ersetzen.

Vergleicht man die drei Kompetenzprofile, stellt man fest, dass von der operationellen, ausführenden Funktion eines Fachberaters bis zur strategischen Führungsfunktion eines Vertriebsvorstandes eine sehr grosse persönliche Entwicklung in den Kategorien personale und soziale Kompetenz vonstatten gehen muss.

In den einzelnen Etappen der funktionsbezogenen Kompetenzentwicklung eignen sich Fach- und Führungskräfte durch die Praxis in allen Kompetenzkategorien sehr viel prozessorientierte Erfahrung an, die nicht nur die Fach- und Methodenkompetenz, sondern vor allem die Sozialkompetenz wesentlich reifen lässt. Ein Teil der Kompetenzenticklung wird auch durch den Besuch von Seminaren und Trainings vermittelt.

Wer mit COMPRO+® arbeitet, hat die Möglichkeit, die Karriereentwicklung periodisch durch regelmässige Selbst- und Fremdeinschätzungen zu prüfen und jeweils feststellbare Defizite in neue Trainingsprogramme einfliessen zu lassen.

Der Kompetenz-Navigator ermöglicht den Kompetenzvergleich über folgende Profile:

- **Anforderungsprofil** (Soll-Profil)
- **Personenprofil** (Ist-Profil)
- **Differenz-Profil** (Abgleich Soll-Ist-Profile)
- **Präferenz-Profil** (Abgleich Ist- mit Sollprofil einer höheren Funktion)

Beim Einsatz von COMPRO+® geht es aber nicht darum, in allen Kriterien Höchstbewertungen anzustreben, sondern realistische Optimalwerte, die 90% aller Personen in einer bestimmten Funktion erreichen können.

Bei bestimmten Kriterien ist allerdings die Erwartungshaltung so gross, dass der Erfüllungsgrad bei Wert 5 (100%) liegen muss. Das heisst nichts anderes, als dass die Person alle dem Kriterium zugeordneten Prozesse oder Verhaltenserwartungen zu 100 Prozent erfüllen muss. Loyalität ist so ein Beispiel, bei dem man nicht 40 – 80% Erfüllung erwartet, sondern 100%.

Wer nicht mit Geist, Herz und Seele hinter einer Organisation, einer Aufgabe oder einem Ziel steht, wird auch nach bester Kompetenz-Navigation nie eine optimale Leistung erbringen können.

Hinter dem gesamten COMPRO+® System steht letztlich der Wille, fähige Personen mit den relevanten Verantwortungen auszustatten. Das Ziel ist klar: es heisst Ausbau und Erhalt der globalen Wettbewerbsfähigkeit eines Unternehmens.

Katalog der standardisierten Stellenprofile in 12 Branchen

Damit private Interessenten und Personalverantwortliche rascher Anforderungsprofile erstellen können, haben die Autoren aufgrund ihrer langjährigen Erfahrungen Standardprofile für Berufsgattungen in 12 Branchen erstellt, die den normativen Erwartungen zu über 85% entsprechen.

Wer sich an diesen Standardprofilen misst, darf davon ausgehen, dass er sich an den derzeit relevanten prozessorientierten Kriterien einschätzt. Selbstverständlich können die Anforderungsprofile auch individuell über die Software Kompetenz-Navigator COMPRO+®, erhältlich als CD-ROM oder über Internet, erstellt werden.

Anforderungsprofile sind für folgende Branchen erhältlich:

- Industrie (Produktion)
- Industrie (Verwaltung)
- Handel (Gross- und Einzelhandel)
- Dienstleister (Beratungsuntern.)
- Gewerbe
- Technische Dienste
- Hotel / Tourismus
- Banken
- Versicherungen
- Gesundheitswesen
- Schulwesen
- Öffentliche Dienste

Die Anforderungsprofile sind in die 3 Funktionskategorien operationelle Funktionen (für ausführende Hilfs- und Fachkräfte), operationelle Führungsfunktionen (für Fachkräfte mit Führungsfunktionen) und strategische Führungsfunktionen (für Führungskräfte mit Bereichs- oder Unternehmensverantwortung) gegliedert.

Die entsprechenden Funktionsbezeichnungen können je nach Firma unterschiedlich bezeichnet werden. Detaillierte Informationen erhalten sie auf www.inolution.com oder www.comproplus.net.

Personenprofil aus Selbst- und Fremdeinschätzung prozessorientierter Beobachtungsmerkmale

Die Anforderungsprofile beinhalten jene Kriterien, die mit grösster Wahrscheinlichkeit in einer prozessorientierten Funktion am ehesten zum Handlungserfolg führen. Das Personenprofil dagegen wird aus dem bei einer Person durch Selbst- und Fremdeinschätzung beobachtbaren Ausprägungsgrad prozessbezogener Fähigkeiten- und Fertigkeiten sowie Verhaltensweisen generiert.

Die Autoren haben in Feldversuchen festgestellt, dass bei einer ersten Selbsteinschätzung durch Über- oder Unterschätzung eine Fehleinschätzung von max. 20% über alle gemäss Anforderungsprofil aufgeführten Kriterien zu berücksichtigen ist. Die Selbsteinschätzung ist subjektiver Art und dennoch ein unverzichtbarer Prozess, dessen Fehleinschätzung sich mit jeder weiteren Selbsteinschätzung um 25% vermindert.

Dies bedeutet nichts anderes, als dass sich eine Person nach 4 Selbsteinschätzungen über einen Zeitraum von etwa 2 Jahren sehr realistisch einschätzt, d. h. ihre Stärken und Defizite ziemlich gut kennt.

Durch die Fremdeinschätzungen können die Ergebnisse der Selbsteinschätzung objektiviert werden. Fremdeinschätzungen können von Vorgesetzten oder Arbeitskollegen vorgenommen werden. Beurteilen 2 oder mehr Personen jemanden nach einer bestimmten Zeit der Zusammenarbeit, erhöht sich die Korrelation der objektivierten Einschätzung.

Die Quote der Fehleinschätzung liegt gemäss Feldstudien bei 2 Fremdeinschätzungen nur bei 10%, bei 3 Fremdeinschätzungen von verschiedenen Personen noch zwischen 3,0 und 5,0%.

Die an sich geringen Fehlerquoten resultieren aus der präzisen Herleitung der in einer Funktion geforderten Prozessabläufe sowie der Ausprägungswerte in klar einschätzbaren Grössenordnungen. Die Abweichung bei den Ausprägungswerten zwischen einer Selbst- und einer Fremdeinschätzung liegt bei 20%, also einer Wertstufe. Die Differenzen bei einzelnen Einschätzungen resultieren bei der Selbsteinschätzung aus einer subjektiven Über- oder Unterschätzung im Umgang mit einzelnen kriterienrelevanten Prozessen. Bei den Fremdeinschätzungen resultieren Einschätzungsdifferenzen meistens durch mangelhafte Beobachtung der relevanten Prozessabwicklung oder durch vorherrschende Sympathien oder Antipathien.

Die Einschätzungsqualität wird durch das System nach mehrfacher Anwendung und Matching der Einschätzungswerte immer präziser. Überdies werden durch die Einschätzung von 5 entscheidenden Schlüsselprozessen, die den Erwartungswert eines jeden Kriteriums beeinflussen, die subjektive Interpretation weitgehend relativieren. . Die Erfahrung bei Probanden hat gezeigt, dass sich Differenzen der Beurteilung meistens auf die Bewertung eines einzelnen Prozesses beziehen, der um max. 40% (2 Wertstufen) unterschiedlich bewertet wird.

COMPRO+® als idealer Gesprächsleitfaden für Bewerber- und Qualifikationsgespräche

Führungskräfte und Personalleiter als auch Human Resource Manager können die mit COMPRO+® generierten Auswertungen als idealen Gesprächsleitfaden nutzen.

Ausbildungsverantwortliche erhalten durch die prozessorientierte Einschätzung und den darauf basierenden ausgewiesenen Defiziten gezielte Hinweise, welche Prozesse in internen oder externen Fördermassnahmen trainiert werden sollten. Dadurch werden Trainingserfolge durch Beobachtung der relevanten Prozesse messbar.

Der Einsatz von COMPRO+® als Gesprächsleitfaden für Bewerber- und Qualifikationsgespräche soll an einem Beispiel verdeutlicht werden:

Personenprofil für die operationelle Funktion: Chefsekretärin

Personale Kompetenz (PK)

Charaktereigenschaften	Ausprägungsgrad	
	Profil	SE
Loyalität	5	5
Glaubwürdigkeit	5	5

Handlungsqualität	Ausprägungsgrad	
	Profil	SE
Zuverlässigkeit	5	5

Innovationspotenzial	Ausprägungsgrad	
	Profil	SE
Ideenreichtum	3	3
Innovationsumsetzung	4	4

Eigenverantwortlichkeit	Ausprägungsgrad	
	Profil	SE
Arbeits-/Zeitplanung	5	3
Flexibilität	5	4
Punktezahl PK	**32**	**29**

Der Vergleich zwischen Anforderungsprofil und Selbsteinschätzung (SE) zeigt im Bereich der Eigenverantwortlichkeit 2 Kriterien mit Defiziten, die mit geeigneten Fördermassnahmen korrigiert werden müssen.

Weil die Verhaltensprozesse beim Kriterium „Arbeits-/Zeitplanung" zu 100% beherrscht werden müssen, können die relevanten Fördermassnahmen ins Trainingsprogramm der 1. Priorität aufgenommen werden, obwohl die Abweichung vom Anforderungsprofil lediglich 40% beträgt. Den HR-Managern bleibt es überlassen, im Rahmen eines Ermessensspielraums die Prioritäten selbst zu definieren.

Fachkompetenz (FK)

Denkpräferenzen	Ausprägungsgrad	
	Profil	SE
Logisches Denken	4	4
Vernetztes Denken	4	3

Kommunikationsfähigkeiten	Ausprägungsgrad	
	Profil	SE
Ausdrucksfähigkeit	5	3
Verhandlunsfähigkeit	4	3

Grundkenntnisse	Ausprägungsgrad	
	Profil	SE
EDV-Kenntnisse	4	5
Maschinen-/Gerätekenntnisse	4	4

Fach-/Spezialkenntnisse	Ausprägungsgrad	
	Profil	SE
Branchenkenntnisse	4	4
Produktkenntnisse	3	3

| **Punktezahl FK** | **32** | **29** |

Im Gesprächsleitfaden werden nicht nur Defizite zur Sprache kommen, sondern auch die Kriterien, deren Ausprägungsgrad besser als der Erwartungswert ist. Im Beispiel wäre dies das Kriterium „EDV-Kenntnisse".

In den Katalog der Fördermassnahmen müssten die Kriterien „Vernetztes Denken", „Ausdrucksfähigkeit" und „Verhandlungsfähigkeit" aufgenommen werden.

In einem ungezwungenen und offenen Gespräch über die Defizite im Kommunikationsbereich kommen vielfach die Ursachen zum Vorschein, die in gut konzipierten Trainingsprogrammen wirksam eliminiert werden können.

Methodenkompetenz (MK)

Denkmethodik	Ausprägungsgrad	
	Profil	SE
Kundenorientierung	5	4
Nutzenorientierung	4	4

Kommunikationstechniken	Ausprägungsgrad	
	Profil	SE
Präsentationsfähigkeit	4	4
Argumentationsstärke	4	3

Grundfertigkeiten	Ausprägungsgrad	
	Profil	SE
Arbeitstechniken	5	5
Organisationstalent	4	5

Fach-/Spezialfertigkeiten	Ausprägungsgrad	
	Profil	SE
Umsetzungsfähigkeit	5	5
Selbständiges Arbeiten	5	5
Punktezahl MK	**36**	**35**

Im Bereich der Methodenkompetenz ist signifikant, dass zwischen der Selbsteinschätzung und dem Anforderungsprofil eine grosse Übereinstimmung besteht.

Defizite in „Kundenorientierung" und „Argumentationsstärke" könnten im Zusammenhang mit den Defiziten aus dem Bereich der Fachkompetenz betrachtet werden.

Sozialkompetenz (SK)

Interessenpräferenzen	Ausprägungsgrad	
	Profil	SE
Technisches Interesse	4	4

Kommunikationsverhalten	Ausprägungsgrad	
	Profil	SE
Dialogfähigkeit	5	3
Improvisationsfähigkeit	4	5

Arbeitsverhalten	Ausprägungsgrad	
	Profil	SE
Veränderungsbereitschaft	4	4
Leistungsbereitschaft	5	5
Punktezahl SK	**22**	**21**

Punktezahl Total	**122**	**114**

Im Bereich der Sozialkompetenz stösst man nochmals auf ein Kriterium, dessen Defizite im Zusammenhang mit denjenigen aus den Bereichen Fach- und Methodenkompetenz stehen könnten.

Die „Dialogfähigkeit" scheint aber für die Ausübung dieser Funktion eine unabdingbare Voraussetzung zu sein, so dass man die Fördermassnahmen auch in die 1. Priorität einstufen müsste.

Das Gesamtbild dieser Person, sei es als Bewerberin oder als Mitarbeiterin ist derart positiv, dass man mit den entsprechenden Fördermassnahmen in internen und externen Trainings, sowie E-learning-Angeboten in Campussystemen einen wichtigen Beitrag zu echter Leistungssteigerung und Zufriedenheit der Person erreichen wird.

Auf den folgenden Seiten sind die Kriterien in Prioritätenklassen aufgeführt, bei denen Weiterbildung angezeigt ist. Es können pro Kriterium bis zu 5 Prozesse eingetragen werden. In COMPRO+® werden diese Listen automatisch nach auswählbaren Defizitkategorien generiert.

Gezielte Weiterbildungsmassnahmen sind in unserem Beispiel bei Prozessen folgender Kompetenzkriterien notwendig:

1. Priorität

Kriterium   *Prozess*   *Wert*

Kriterium	Prozess	Wert
	Fähigkeit, Aufgaben und Arbeitsprozesse gut zu gliedern	3
	Fähigkeit, Risiken fachgerecht einzugrenzen	3
Arbeits-/Zeitplanung	Fähigkeit, neue Arbeitsabläufe in Arbeitsgruppen zu integrieren	4

Kriterium   *Prozess*   *Wert*

Kriterium	Prozess	Wert
	Fähigkeit, sich in Englisch mündlich sehr gut ausdrücken zu können	3
	Fähigkeit, sich in Englisch schriftlich sehr gut ausdrücken zu können	3
Ausdrucksfähigkeit	Fähigkeit, sich in Französisch mündlich sehr gut ausdrücken zu können	2

Kriterium   *Prozess*   *Wert*

Kriterium	Prozess	Wert
	Ausprägungsgrad der Dialogfähigkeit mit Kunden	3
	Fähigkeitsgrad, auf Vorschläge und Beschwerden von Kunden offen einzugehen	3
Dialogfähigkeit	Grad der Fähigkeit, eigene Sichtweisen überzeugend begründen zu können	2
	Fähigkeitsgrad, die internen Möglichkeiten der online-Kommunikation zu nutzen	3

Wer mehr als 4 Kriterien mit Weiterbildungsmassnahmen in 1. Priorität zu registrieren hätte, würde dem Anforderungsprofil nur bedingt gerecht, weil der Trainingsaufwand relativ gross wäre und die Erfolgsaussichten relativ unsicher wären.

2. Priorität

Kriterium *Prozess* *Wert*

Flexibilität	Anpassungsfähigkeit an veränderte Arbeitsplatzstrukturen und Aufgaben	3
	Umgang mit veränderten Situationen	3

Kriterium *Prozess* *Wert*

Vernetztes Denken	Fähigkeit, in Prozessen Zusammenhänge zu sehen und anderen mitzuteilen	3
	Fähigkeit, das eigene Denken auf Inhalte und Zusammenhänge zu richten	3

Kriterium *Prozess* *Wert*

Kundenorientierung.	Ausprägungsgrad der Dialogfähigkeiten mit verschiedenen Kundenkategorien	3
	Fähigkeit, neue Kommunikationsmittel im Kontakt mit Kunden einzusetzen	3

Kriterium *Prozess* *Wert*

Argumentationsstärke	Fähigkeit, Gespräche mit konkreten Lösungsvorschlägen zu beenden	4
	Grad der Beeinflussung der Gesprächspartner durch eigene Argumentationsstärke	3

Auch für die Kriterien in der 2. Priorität bilden 4 Kriterien, die mit Weiterbildungsmassnahmen an das Anforderungsprofil angeglichen werden könnten einen oberen Grenzwert.

3. Priorität

Kriterium	Prozess	Wert
....		

In 3. Priorität werden Kriterien gelistet, die eine Abweichung von 20% oder 1 Wertpunkt auf das Anforderungsprofil aufweisen und deren Erwartungswerte im Anforderungsprofil nicht über dem Wert 3 (60%) liegen.

Insgesamt sollte der prozessorientierte Weiterbildungsbedarf über einen Zeitraum von 12 Monaten nicht mehr als 10 Kriterien umfassen.

In diese Kategorie werden aber auch Fördermassnahmen aufgenommen, die für zukünftige Funktionen relevant sind und bei denen die Personen rechtzeitig die relevanten Prozesse kennenlernen sollten.

In jedem Fall muss gewährleistet sein, dass die Personen die Möglichkeit erhalten, sich in der Praxis in den verschiedenen Prozessen zu üben. Damit wird das On-the-job-Training im Rahmen der Fördermassnahmen zu einem sehr bedeutenden Faktor und die Organisation automatisch zu einer lernenden Organisation, in der die Personen unglaublich schnell grosse Fortschritte erzielen.

Praxisorientiertes Kompetenz-Profiling geht immer davon aus, dass es grundsätzlich möglich ist, alle betrieblichen Funktionen in einem Anforderungsprofil abzubilden. Mehr denn je neigen die HR-Fachleute auf internationaler Ebene dazu, die Gliederung der Kompetenzkategorien in die Personale, Fach-, Methoden- und Sozialkompetenz zum Standard zu erheben.

Realistisch konzipierte Kompetenzprofile umfassen zwischen 16 und 32 Kriterien, also 4 bis 8 Kriterien pro Kriterienkategorie. Die Soll - Ist - Abweichungen können wie folgt interpretiert werden:

Bereich operationelle Funktionen (Berufe auf Hilfs- und Fachkraftebene)

Optimalen Profilabgleich (Anzahl Abweichungen vom Sollprofil)

Kompetenzbereich	Kriterien	Anz. Prozesse
Personale Kompetenz	2	4
Fachkompetenz	1	2
Methodenkompetenz	1	2
Sozialkompetenz	2	4
Total	6	12

Abweichung vom Anforderungsprofil: 25%
Matchingfaktor: 75%

Akzeptabler Profilabgleich (Anzahl Abweichungen vom Sollprofil)

Kompetenzbereich	Kriterien	Anz. Prozesse
Personale Kompetenz	2	4
Fachkompetenz	2	2
Methodenkompetenz	2	4
Sozialkompetenz	2	4
Total	8	14

Abweichung vom Anforderungsprofil: 33%
Matchingfaktor: 67%

Abweichungswerte, die höher ausfallen als im Beispiel des akzeptablen Profilabgleichs, dokumentieren, dass die Person für die betreffende Funktion weniger oder nicht geeignet ist. Abgesehen vom Aufwand, der im Sinne der Kompetenzentwicklung betrieben werden müsste, ist ein positives Ergebnis nicht innerhalb nützlicher Frist erzielbar.

Auf der operationelle Führungsebene lassen sich die Profilabgleiche unter der Annahme, dass 30 Kriterien das optimale Anforderungsprofil er-geben, wie folgt darstellen:

Bereich operationeller Führungsfunktionen (Berufe auf Projekt-, Team-, Abteilungsleiterebene)

Optimaler Profilabgleich (Anzahl Abweichungen vom Sollprofil)

Kompetenzbereich	Kriterien	Anz. Prozesse
Personale Kompetenz	2	2
Fachkompetenz	1	2
Methodenkompetenz	1	2
Sozialkompetenz	2	2
Total	6	8

Abweichung vom Anforderungsprofil: 20%
Matchingfaktor: 80%

Akzeptabler Profilabgleich (Anzahl Abweichungen vom Sollprofil)

Kompetenzbereich	Kriterien	Anz. Prozesse
Personale Kompetenz	2	4
Fachkompetenz	2	2
Methodenkompetenz	2	2
Sozialkompetenz	3	4
Total	9	12

Abweichung vom Anforderungsprofil: 30%
Matchingfaktor: 70%

Abweichungswerte, die höher ausfallen als im Beispiel des akzeptablen Profilabgleichs, dokumentieren auch bei operationellen Führungsfunktionen, dass die Person für die betreffende Funktion weniger oder nicht geeignet ist. Abgesehen vom Aufwand, der im Sinne der Kompetenzentwicklung betrieben werden müsste, ist ein positives Ergebnis nicht innerhalb nützlicher Frist absehbar.

Im Bereich der strategischen Führungsfunktionen, werden die Anforderungen auf der Basis von 32 Kriterien nochmals höher angesetzt, geht man doch davon aus, dass diese Funktionen mit Personen besetzt werden sollen, die bereits über mehrjährige Führungserfahrungen auf der Stufe operationelle Führungsfunktion verfügen.

Bereich strategischer Führungsfunktionen (Berufe auf Ebene Bereichsleiter, Geschäftsführer, Vorstandsmitglieder)

Optimaler Profilabgleich (Anzahl Abweichungen vom Sollprofil)

Kompetenzbereich	Kriterien	Anz. Prozesse
Personale Kompetenz	1	2
Fachkompetenz	1	2
Methodenkompetenz	1	2
Sozialkompetenz	1	2
Total	4	8

Abweichung vom Anforderungsprofil: 13%
Matchingfaktor: 87%

Akzeptabler Profilabgleich (Anzahl Abweichungen vom Sollprofil)

Kompetenzbereich	Kriterien	Anz. Prozesse
Personale Kompetenz	2	4
Fachkompetenz	1	2
Methodenkompetenz	1	2
Sozialkompetenz	2	4
Total	6	12

Abweichung vom Anforderungsprofil: 19%
Matchingfaktor: 81%

Abweichungswerte, die höher ausfallen als beim akzeptablen Profilabgleich, dokumentieren bei strategischen Führungsfunktionen, dass die Person ein grösseres Besetzungsrisiko darstellt. Personen, die eine strategische Führungsfunktion ausüben wollen, müssen sich zuvor auf der operationellen Führungsebene bereits über mehrere Jahre bewährt haben.

Das Kompetenzprofil einer operationellen Führungsfunktion ist gegenüber einer strategischen etwa zu 40% deckungsgleich, d.h. einige der vorausgesetzten oder erforderlichen Kriterien wird bereits auf Stufe der operationellen Führungsfunktionen praktiziert. Die Erfahrungen, die in die obere Chefetage mitgenommen werden, sind letztlich eine Art Garantie für den Erfolg auf oberster Ebene, zumal man sich in den meisten Fällen bereits mit der Firmenkultur über mehrere Jahre vertraut machen konnte.

Nach wie vor gilt die Regel: grosse Kompetenz[164] auf der operativen Funktionsebene ist wesentlich besser, als mittelmässige Kompetenz auf einer der beiden Führungsebenen. Die Erfahrungen mit COMPRO+® zeigen auch in aller Deutlichkeit, dass Personen mit guten Einschätzungs-werten auf operationellen Ebenen nicht zwingend auf den Führungs-ebenen denselben Erfolg haben. Die Defizite sind meistens in den Kategorien der personalen und sozialen Kompetenz festzustellen.

Wer bisherige klassische Qualifikationssysteme durch Kompetenz-Profiling ersetzt, schafft sich durch diesen Wechsel zu mindest den Vorteil, dass die Verhaltens-, Fähigkeits- und Fertigkeitspotenziale durch die prozessorientierten Selbst- und Fremdeinschätzungen aussagekräftigere Rückschlüsse auf die Einsatzmöglichkeiten in Führungspositionen ziehen lassen.

Wer als Privatperson die Risiken, die mit der Übernahme einer bestimmten Führungsposition konkreter ermitteln will, erhält durch die Auswertung von COMPRO+® ein ziemlich realistisches Bild seiner Performance und des zu investierenden Zeitaufwandes zur effizienten Verminderung defizitärer Prozesse in den einzelnen Schlüsselkriterien..

Jede Entfaltung des Menschen bedingt einen sorgfältigen Umgang mit dem noch erreichbaren Chancenpotenzial und der verfügbaren Zeit in den einzelnen Lebensabschnitten. Kompetenz-Profiling ohne Life-Work-Balance Strategie führt mit ziemlicher Wahrscheinlichkeit nicht zu den erhofften Zielen im Privat- und Berufsleben. Die sorgfältige Kompetenz-Navigation wird deshalb im nächsten Kapitel noch erörtert.

---

[164] vgl. Hänggi, G., Macht der Kompetenz, 3. Auflage, Datakontext Fachverlag, Frechen, 2001

8. Entwurf von Berufszielen und Kompetenz-Profilen für die persönliche Life-Work-Balance

Wir haben in den Kapiteln 1-7 wesentliche Gedankengänge zur Persönlichkeits- und Kompetenz-Profilierung von europäischen und amerikanischen Autoren vorgestellt. Alle Verfahren führen zu Aussagen über Teilaspekte der Persönlichkeit und des Kompetenzpotenzials. Für die Abklärung einer spezifischen Berufseignung ist es erforderlich mittels eines Verfahrens den Idealtypus (das Anforderungsprofil) zu definieren und über eine spezifische Methodik auf den Realtypus und die entsprechenden Abweichungen schliessen zu können. So gilt für Menschen, die im Berufsleben ein bestimmtes Ziel erreichen wollen, dass sie auf der Grundlage entsprechender Anforderungsprofile abklären müssen, wie sie mit ihren Potenzialstärken und -defiziten zwischen Ideal- und Realtypus Berufsziele in den verschiedenen Lebensabschnitten planmässig vorbereiten und auch den zeitlichen Trainingsbedarf für die grösstmögliche Annäherung an den Idealtypus ermitteln.

Berufsziele über mehrere Lebensphasen zu setzen, bedeutet auch für sich selbst und seine unmittelbare Umgebung Prioritäten setzen zu müssen, die oft auch Verzicht auf vieles bedeuten, was für die Zielerreichung hinderlich sein könnte. Verzicht führt in diesem Sinne zur Konzentration auf Kernaktivitäten, welche die Ausprägung noch defizitärer Kompetenzen nachhaltig fördern.

Neuste Forschungsergebnisse lassen darauf schliessen, dass sich Charakter und Persönlichkeit - entgegen bisheriger Ansichten - auch bei über 30jährigen Menschen[165], entsprechend deren Situation und Willensstärke, stark verändern lassen.

Ursula Staudinger[166] glaubt, dass Menschen ein enormes Veränderungspotenzial haben und eigentlich nur lernen müssten, sich zu entwickeln, so wie sie lesen und schreiben lernen.

---

[165] vgl. FOCUS, Das moderne Nachrichtenmagazin, Nr. 46, 2003, S. 104-117
[166] Ursula Staudinger, Psychologin, Vice-President Jacobs Center for Lifelong Learning, International University Bremen

Umzüge und Berufswechsel sind für die Persönlichkeitsentwicklung echte Chancen. Staudinger betont, dass man sich in neuem Kontext einfacher verändern kann.

Der Weg zum dauerhaft erfolgreichen berufstätigen Menschen ist demgemäss ein lebenslanger und nicht selten auch mühsamer Prozess, den man als Weg der kleinen Schritte im persönlichen Lebensplan kontinuierlich verfolgen muss.

Ein gangbarer Weg ist zum Beispiel die Ausrichtung der Persönlichkeitsentwicklung auf 5 entscheidende Lebensabschnitte und die Festlegung von Fördermassnahmen und Zeitbedarf für die Verbesserung defizitärer Kompetenzen innerhalb dieser Lebensphasen:

1.	Vorbereitende Berufsphase (Schule, Berufslehre, Studium)
2.	Berufsphase auf Juniorebene (1 - 5 Jahre)
3.	Berufsphase auf Professionalebene (5 - 20 Jahre)
4.	Berufsphase auf Seniorebene (20 - 35 Jahre)
5.	Vorbereitende Pensionierungsphase (ab 35 Jahren / Alter 60)

Defizitäre Kompetenzen resultieren aus dem Abgleich eines Anforderungsprofils (Idealtypus) und der Einschätzung des Ausprägungs-grades prozessrelevanter Beobachtungskriterien. Der Psychiater und Kreativitätsforscher Gottlieb Guntern[167] hält fest, dass ein Idealtypus ein exakt definierter Typus sei, der einer abstrahierten und generalisierten Idee entspreche und in Reinform eigentlich nur im mentalen Raum existiere. Der Realtypus entspreche der in Selbst- und Fremdeinschätzung beobachtbaren Realität. Jede Analyse zwischen Ideal- und Realtypus isoliere eine Serie von Elementen der beobachtbaren Realität. Insofern ist COMPRO+® eine Orientierungshilfe, die eine schnelle Orientierung der beobachtbaren Realität ermöglicht. Der konkrete Mensch gehört im Laufe der verschiedenen Lebensphasen also zu verschiedenen Idealtypen mit jeweils unterschiedlichem Realprofil. Das folgende Tabellenwerk will die persönliche Planung der dynamischen Entwicklung unterstützen.

---

[167] Guntern, G., Im Zeichen des Schmetterlings, Scherz Verlag, Bern, München, Wien, 1992

1. Vorbereitende Berufsphase (Schule, Berufslehre, Studium)

	von	bis
Persönliches Alter		
Zeitraum		
Anzahl Monate		

Persönlicher Status	Ist	Plan
Single (ledig, alleinstehend, getrennt)		
Partnerschaft, kinderlos / mit Kindern		
Gebundene Partnerschaft, kinderlos / mit Kindern		
Ehegemeinschaft, kinderlos / mit Kindern		

Persönliche Anspruchsniveaus*	Ist	Plan
Bescheidener Lebensstil		
Durchschnittlicher Lebensstil		
Grosszügiger Lebensstil		
Geringe Leistungsorientierung		
Durchschnittliche Leistungsorientierung		
Hohe Leistungsorientierung		
Geringe Opferbereitschaft		
Durchschnittliche Opferbereitschaft		
Hohe Opferbereitschaft		

Berufsziel**	Plan
Branche	
Beruf	
Anforderungsprofil aus COMPRO+®	

---

* Die Ausprägung des persönlichen Anspruchsniveaus ist eine indirekte Triebfeder für die Selbstorganisation und Koordination aller für die Zielerreichung notwendiger Massnahmen.

** Der Einschätzungsbogen zum Anforderungsprofil kann über www.inolution.com bezogen werden.

Zeiteinsatz[A]	brutto	netto
Jahresstunden	8'760	
Monatsstunden	730	
Verfügbare Monatszeit über 1. Phase		

Schulen	von	bis	Std./Mt.
Total Zeitaufwand Schulen			
Verfügbare Restzeit			

Berufslehre	von	bis	Std./Mt.
Total Zeitaufwand Berufslehre			
Verfügbare Restzeit			

Studium	von	bis	Std./Mt.
Total Zeitaufwand Studium			
Verfügbare Restzeit			

Zeitaufwand im Nebenerwerb	Std./Mt.
Teilzeit-Mitarbeiterin / Mitarbeiter	
Nebenerwerb selbständig	
Total Zeitaufwand im Nebenerwerb	
Verfügbare Restzeit	

[A] Zeitberechnungsbasis: Totalzeit brutto p. a. = 365 x 24 Std. = 8'760 Std. oder 730 Std. p. M. Die Nettozeit reduziert sich um die Stunden des persönlichen Schlafbedarfs p. a. und p. M.

Entwicklung: Personale Kompetenz[B]	Lehrmittel	Std./Mt.
Total Zeitaufwand		
Verfügbare Restzeit		

Entwicklung: Fachkompetenz	Lehrmittel	Std./Mt.
Total Zeitaufwand		
Verfügbare Restzeit		

Entwicklung: Methodenkompetenz	Lehrmittel	Std./Mt.
Total Zeitaufwand		
Verfügbare Restzeit		

Entwicklung: Soziale Kompetenz	Lehrmittel	Std./Mt.
Total Zeitaufwand		
Verfügbare Restzeit		

[B] Registriert sollen die Kriterien aus dem Abgleich zwischen Anforderungsprofil und Selbsteinschätzung werden, die um 3-, 2- und 1-Wertstufe differieren.

Zeiteinsatz im Privatbereich	Std./Mt.
Hobby- Amateur-Sportlerin / Sportler	
Mitglied Freizeit-/Kultur-/Kunstverein	
Mitglied einer politischen Partei	
Geselligkeit ohne Vereinsbindung	
Total Zeitaufwand im Privatbereich	
Verfügbare Restzeit	

Life-Work-Balance

Zeitaufteilung Privat/Beruf in Std.		
Zeitaufteilung Privat/Beruf in %		

2. Entwicklungsphase: Berufsausübung auf Juniorebene (1 - 5 Berufsjahre)

	von	bis
Persönliches Alter		
Zeitraum		
Anzahl Monate		

Persönlicher Status	Ist	Plan
Single (ledig, alleinstehend, getrennt)		
Partnerschaft, kinderlos / mit Kindern		
Gebundene Partnerschaft, kinderlos / mit Kindern		
Ehegemeinschaft, kinderlos / mit Kindern		

Persönliche Anspruchsniveaus	Ist	Plan
Bescheidener Lebensstil		
Durchschnittlicher Lebensstil		
Grosszügiger Lebensstil		
Geringe Leistungsorientierung		
Durchschnittliche Leistungsorientierung		
Hohe Leistungsorientierung		
Geringe Opferbereitschaft		
Durchschnittliche Opferbereitschaft		
Hohe Opferbereitschaft		

Zeiteinsatz	brutto	netto
Jahresstunden	8'760	
Monatsstunden	730	
Effektiv verfügbare Zeit	0	

Gegenwärtige Berufsfunktion	Std./Mt.
Trainee	
Assistentin / Assistent	
Arbeiterin / Arbeiter	
Fachfrau / Fachmann	
Beraterin / Berater	
Expertin / Experte	
Projektmanagerin / Projektmanager	
Managerin / Manager	
Firmeninhaber	
Total Zeitaufwand im Beruf	
Verfügbare Restzeit	

Berufsbedingte Weiterbildung	Std./Mt.
Studentin / Student Nachdiplomstudien	
Studentin / Student Fachdiplomstudien	
Assistentin / Assistent	
Total Zeitaufwand Weiterbildung	
Verfügbare Restzeit	

Angestrebtes Berufsziel (ausführend)	Plan
Branche	
Beruf	
Anforderungsprofil aus COMPRO+®	

Angestrebtes Berufsziel (führend)	Plan
Branche	
Beruf	
Anforderungsprofil aus COMPRO+®	

Entwicklung: Personale Kompetenz	Lehrmittel	Std./Mt.
Total Zeitaufwand		
Verfügbare Restzeit		

Entwicklung: Fachkompetenz	Lehrmittel	Std./Mt.
Total Zeitaufwand		
Verfügbare Restzeit		

Entwicklung: Methodenkompetenz	Lehrmittel	Std./Mt.
Total Zeitaufwand		
Verfügbare Restzeit		

Entwicklung: Soziale Kompetenz	Lehrmittel	Std./Mt.
Total Zeitaufwand		
Verfügbare Restzeit		

Zusätzliche Aktivitäten (Berufsentwicklung)	Std./Mt.
Lektüre zum Selbststudium	
Kurse, Seminare	
Nachdiplomstudien	
Total Zeitaufwand zusätzliche Aktivitäten	
Verfügbare Restzeit	

Zeiteinsatz im Privatbereich	Std./Mt.
Hobby- Amateur-Sportlerin / Sportler	
Mitglied Freizeit-/Kultur-/Kunstverein	
Mitglied einer politischen Partei	
Geselligkeit ohne Vereinsbindung	
Total Zeitaufwand im Privatbereich	
Verfügbare Restzeit	

Life-Work-Balance

Zeitaufteilung Privat/Beruf in Std.		
Zeitaufteilung Privat/Beruf in %		

3. Entwicklungsphase: Berufsausübung auf Professionalebene (5 - 15 Berufsjahre)

	von	bis
Persönliches Alter		
Zeitraum		
Anzahl Monate		

Persönlicher Status	Ist	Plan
Single (ledig, alleinstehend, getrennt)		
Partnerschaft, kinderlos / mit Kindern		
Gebundene Partnerschaft, kinderlos / mit Kindern		
Ehegemeinschaft, kinderlos / mit Kindern		

Persönliche Anspruchsniveaus	Ist	Plan
Bescheidener Lebensstil		
Durchschnittlicher Lebensstil		
Grosszügiger Lebensstil		
Geringe Leistungsorientierung		
Durchschnittliche Leistungsorientierung		
Hohe Leistungsorientierung		
Geringe Opferbereitschaft		
Durchschnittliche Opferbereitschaft		
Hohe Opferbereitschaft		

Zeiteinsatz	brutto	netto
Jahresstunden	8'760	
Monatsstunden	730	
Effektiv verfügbare Zeit		

Gegenwärtige Berufsfunktion	Std./Mt.
Assistentin / Assistent	
Arbeiterin / Arbeiter	
Fachfrau / Fachmann	
Beraterin / Berater	
Expertin / Experte	
Projektmanagerin / Projektmanager	
Managerin / Manager	
Firmeninhaber	
Total Zeitaufwand im Beruf	
Verfügbare Restzeit	

Berufsbedingte Weiterbildung	Std./Mt.
Nachdiplomstudien	
Fachdiplomstudien	
Total Zeitaufwand Weiterbildung	
Verfügbare Restzeit	

Angestrebtes Berufsziel (ausführend)	Plan
Branche	
Beruf	
Anforderungsprofil aus COMPRO+®	

Angestrebtes Berufsziel (führend)	Plan
Branche	
Beruf	
Anforderungsprofil aus COMPRO+®	

Entwicklung: Personale Kompetenz	Lehrmittel	Std./Mt.
Total Zeitaufwand		
Verfügbare Restzeit		

Entwicklung: Fachkompetenz	Lehrmittel	Std./Mt.
Total Zeitaufwand		
Verfügbare Restzeit		

Entwicklung: Methodenkompetenz	Lehrmittel	Std./Mt.
Total Zeitaufwand		
Verfügbare Restzeit		

Entwicklung: Soziale Kompetenz	Lehrmittel	Std./Mt.
Total Zeitaufwand		
Verfügbare Restzeit		

Zusätzliche Aktivitäten (Berufsentwicklung)	Std./Mt.
Lektüre zum Selbststudium	
Kurse, Seminare	
Nachdiplomstudien	
Total Zeitaufwand zusätzliche Aktivitäten	
Verfügbare Restzeit	

Zeiteinsatz im Privatbereich	Std./Mt.
Hobby- Amateur-Sportlerin / Sportler	
Mitglied Freizeit-/Kultur-/Kunstverein	
Mitglied einer politischen Partei	
Geselligkeit ohne Vereinsbindung	
Total Zeitaufwand im Privatbereich	
Verfügbare Restzeit	

Life-Work-Balance

Zeitaufteilung Privat/Beruf in Std.		
Zeitaufteilung Privat/Beruf in %		

4. Entwicklungsphase: Berufsausübung auf Seniorebene (15 – 35 Berufsjahre)

	von	bis
Persönliches Alter		
Zeitraum		
Anzahl Monate		

Persönlicher Status	Ist	Plan
Single (ledig, alleinstehend, getrennt)		
Partnerschaft, kinderlos / mit Kindern		
Gebundene Partnerschaft, kinderlos / mit Kindern		
Ehegemeinschaft, kinderlos / mit Kindern		

Persönliche Anspruchsniveaus	Ist	Plan
Bescheidener Lebensstil		
Durchschnittlicher Lebensstil		
Grosszügiger Lebensstil		
Geringe Leistungsorientierung		
Durchschnittliche Leistungsorientierung		
Hohe Leistungsorientierung		
Geringe Opferbereitschaft		
Durchschnittliche Opferbereitschaft		
Hohe Opferbereitschaft		

Zeiteinsatz	brutto	netto
Jahresstunden	8'760	
Monatsstunden	730	
Effektiv verfügbare Zeit		

Gegenwärtige Berufsfunktion	Std./Mt.
Assistentin / Assistent der Geschäftsleitung	
Mitarbeiterin / Mitarbeiter	
Fachfrau / Fachmann	
Beraterin / Berater selbständig	
Expertin / Experte	
Projektmanagerin / Projektmanager	
Managerin / Manager untere Führungsebene	
Mangerin / Manager mittlere Führungsebene	
Managerin / Manager obere Führungsebene	
Managerin / Manager oberste Führungsebene	
Präsidium	
Vorstandsmitglied	
Aufsichtsrat	
Firmeninhaber	
Total Zeitaufwand im Beruf	
Verfügbare Restzeit	

Berufsbedingte Weiterbildung	Std./Mt.
Nachdiplomstudien	
Fachdiplomstudien	
Total Zeitaufwand Weiterbildung	
Verfügbare Restzeit	

Angestrebtes Berufsziel (ausführend)	**Plan**
Branche	
Beruf	
Anforderungsprofil aus COMPRO+®	

Angestrebtes Berufsziel (führend)	Plan
Branche	
Beruf	
Anforderungsprofil aus COMPRO+®	

Entwicklung: Personale Kompetenz	Lehrmittel	Std./Mt.
Total Zeitaufwand		
Verfügbare Restzeit		

Entwicklung: Fachkompetenz	Lehrmittel	Std./Mt.
Total Zeitaufwand		
Verfügbare Restzeit		

Entwicklung: Methodenkompetenz	Lehrmittel	Std./Mt.
Total Zeitaufwand		
Verfügbare Restzeit		

Entwicklung: Soziale Kompetenz	Lehrmittel	Std./Mt.
Total Zeitaufwand		

Verfügbare Restzeit	

Zusätzliche Aktivitäten (Berufsentwicklung)	Std./Mt.
Lektüre zum Selbststudium	
Kurse, Seminare	
Total Zeitaufwand vorbereitende Aktivitäten	

Verfügbare Restzeit	

Zeiteinsatz im Privatbereich	Std./Mt.
Hobby- Amateur-Sportlerin / Sportler	
Mitglied Freizeit-/Kultur-/Kunstverein	
Geselligkeit ohne Vereinsbindung	
Total Zeitaufwand im Privatbereich	

Verfügbare Restzeit	

Life-Work-Balance

Zeitaufteilung Privat/Beruf in Std.		
Zeitaufteilung Privat/Beruf in %		

5. Vorbereitende Pensionierungsphase: Früh- oder Regulärpensionierung (ab 35 Berufsjahren oder ab 60. Altersjahr[C])

	von	bis
Zeitraum		
Persönliches Alter		

Persönlicher Status	Ist	Plan
Single (ledig, alleinstehend, getrennt)		
Partnerschaft, kinderlos / mit Kindern		
Gebundene Partnerschaft, kinderlos / mit Kindern		
Ehegemeinschaft, kinderlos / mit Kindern		

Persönliche Anspruchsniveaus	Ist	Plan
Bescheidener Lebensstil		
Durchschnittlicher Lebenstil		
Grosszügiger Lebensstil		
Geringe Leistungsorientierung		
Durchschnittliche Leistungsorientierung		
Hohe Leistungsorientierung		
Geringe Opferbereitschaft		
Durchschnittliche Opferbereitschaft		
Hohe Opferbereitschaft		

Zeiteinsatz	brutto	netto
Jahresstunden	8'760	
Monatsstunden	730	
Effektiv verfügbare Zeit		

[C] Die Früh- oder Regulärpensionierung richtet sich nach den gesetzlichen und firmenspezifischen Bestimmungen

Gegenwärtige Berufsfunktion	Std./Mt.
Mitarbeiterin / Mitarbeiter	
Fachfrau / Fachmann	
Beraterin / Berater selbständig	
Expertin / Experte	
Projektmanagerin / Projektmanager	
Managerin / Manager untere Führungsebene	
Mangerin / Manager mittlere Führungsebene	
Managerin / Manager obere Führungsebene	
Managerin / Manager oberste Führungsebene	
Präsidium	
Vorstandsmitglied	
Aufsichtsrat	
Firmeninhaber	
Total Zeitaufwand im Beruf	
Verfügbare Restzeit	

Berufsbedingte Weiterbildung	Std./Mt.
Total Zeitaufwand im Weiterbildungsbereich	
Verfügbare Restzeit	

Vorbereitung auf Pensionierung	Std./Mt.
Seminarbesucher für Pensionierte	
Besucher von Kursen aus Privatinteressen	
Total Zeitaufwand Bildungsbereich	
Verfügbare Restzeit	

Angestrebte Rollen im Privatbereich	Std./Mt.
Hobby-, Amateur- Sportlerin / Sportler	
Mitglied Freizeit-, Kultur-, Kunstverein	
Mitglied einer politischen Partei	
Geselligkeit ohne Vereinsbindung	
Total Zeitaufwand Freizeitbereich	
Verfügbare Restzeit	

Angestrebter Nachberufseinsatz	Std./Mt.
Beraterin / Berater nach Bedarf	
Expertin / Experte nach Bedarf	
Projektmanagerin / Projektmanager auf Zeit	
Aufsichtsrat	
Total Zeitaufwand Nachberufseinsatz	
Verfügbare Restzeit	

Life-Work-Balance

Zeitaufteilung Privat/Beruf in Std.		
Zeitaufteilung Privat/Beruf in %		

Übersicht über die Life–Work–Balance in den 5 Lebensphasen

Zeitaufteilung in %	Privat	Beruf
1. Berufsphase		
2. Berufsphase		
3. Berufsphase		
4. Berufsphase		
5. Berufsphase		

Die Lebens- und Berufsplanung gibt nützliche Hinweise auf die Verwendung der verfügbaren Zeit. Der Mensch braucht für seine Life-Work-Balance in den verschiedenen Rollen im Privat- und Berufsleben unterschiedlich viel Zeit. Ein Missverhältnis zu ungunsten eines Lebensbereichs scheint sich früher oder später negativ auszuwirken. Ein optimales Verhältnis der Life-Work-Balance hängt stark von den persönlichen Anspruchsniveaus und den damit zusammenhängenden beruflichen Ambitionen in den verschiedenen Berufsphasen ab. Richtwerte bei Vollzeitbeschäftigung zu den einzelnen Berufsphasen sind:

	Privat	Beruf
1. Berufsphase	40%	60%
2. Berufsphase	35%	65%
3. Berufsphase	35%	65%
4. Berufsphase	40%	60%
5. Berufsphase	50%	50%

Je nach beruflichen Ambitionen verändert sich das Verhältnis um 10% - 15% zu gunsten der im Beruf eingesetzten Zeit. In der 5. Berufsphase dagegen kann sich das Verhältnis durchaus umgekehrt verhalten. Zahlreiche Betriebe gehen immer häufiger dazu über, die Arbeitszeit in der Vorpensionierungsphase auf 80% zu reduzieren, mit dem Ziel, dem Betroffenen den Übergang in den Ruhestand zu erleichtern. Verschiedene Umfragen zur Life-Work-Balance fördern ein eklatantes Missverhältnis zwischen Privat- und Berufsengagement zu Tage. Gemeinsam ist allen Erhebungen und Berichten, dass das Missverhältnis in der Regel das Privatleben beeinträchtigt und bei den Betroffenen oft zu Gesund-heitlichen Schäden führt, weil sich Körper, Geist und Seele auf ihre Weise zur Wehr setzen.

Wieviel besser geht es doch den Menschen, die aktiv die Planung ihrere Lebensphasen angehen und auf dem sicher nicht immer einfachen Weg zum Ziel die immer wieder notwendigen Korrekturen anbringen.

Auch an die Adresse der Unternehmen muss die Aufforderung zur aktiven Beihilfe einer „vernünftigen" Lebensgestaltung der Mitarbeiter gerichtet werden. Ihr Verhalten ist gerade in wirtschaftlich schwierigeren Zeiten diametral zu den Erwartungen: die Zügel werden angezogen, der Ton wird rauer und selbst das Gleichgewicht zwischen Fordern und Fördern gerät aus der Balance.

Zum Glück reagieren nicht alle Unternehmen auf diese Weise, zumindest die nicht, die gemäss neusten neurobiologischen Erkenntnissen wissen, dass alle Leistung der Menschen im Kopf steckt.

Joachim Bauer[170] weiss, wovon er spricht, wenn er ausführt, dass das Gehirn jeden drohenden Verlust von Kontrolle und Sicherheit im zwischenmenschlichen Bereich als Gefahrenlage bewertet. Bauer führt weiter aus, dass z.B. eine unoffene Kommunikation als Wahrnehmung einer Gefahr registriert wird.

Diese neurobiologischen Erkenntnisse stehen aber nicht im Widerspruch zu prozessorientierten Anforderungsprofilen, verlässlichen und nachvollziehbaren Vorgaben und Zielsetzungen. Im Unternehmen ist die Kommunikation darüber, was als gute Leistung gilt und erwartet wird, wichtiger Teil einer zukunftsorientierten Beziehungskultur.

Besonders fortschrittlich verhalten sich Unternehmen, die im Rahmen des Human Resource Management ein Zeitfenster für die Mitarbeiter einrichten, die ihre beruflichen Ambitionen und ihre Life-Work-Balance besprechen möchten. Der Feedback wird nicht nur Dankbarkeit sein, sondern in noch besseren Leistungen gipfeln.

Kompetenz-Navigation[171] ist also fester Bestandteil einer fortschrittlichen Personalpolitik.

---

[170] Bauer, Joachim, Professor für Psychoneuroimmunologie, Universitätsklinikum, Freiburg i.Br.
[171] vgl. Compro+® www.inolution.com oder www.comproplus.net

Quellenverzeichnis

Im Quellenverzeichnis sind einige Autoren mit Werken in englischer Sprache aufgeführt. Einige dieser Werke sind auch in deutscher Sprache erschienen.

Sie können dies über eines der Internetbuchverzeichnisse selbst in Erfahrung bringen. Die relevanten Internetadressen sind:

- www.amazon.de
- www.buchhandel.de

Fachinformationen für die Personalarbeit

LOHN + GEHALT
Fach-Magazin von Experten für Profis

erscheint mit 8 Ausgaben
15. Jahrgang 2004
Jahresabonnement € 95,- zzgl. Versandkosten
ISSN 0172-9047

CoPers COMPUTER + PERSONAL
CoPers bildet das Bindeglied für Verantwortliche der Schnittstelle Personal und IT.

erscheint mit 8 Ausgaben + Sonderheft(e)
12. Jahrgang 2004
Jahresabonnement € 89,- zzgl. Versandkosten
ISSN 0943-6669

HR SERVICES
Die Welt der Personaldienstleistungen

erscheint mit 6 Ausgaben
6. Jahrgang 2004
Jahresabonnement € 40,- zzgl. Versandkosten
ISSN 1439-3174

Personal.Manager HR International
Personal.Manager ist die Fachzeitschrift für die internationale Personalarbeit

erscheint mit 4 Ausgaben
3. Jahrgang 2004
Jahresabonnement € 58,- zzgl. Versandkosten
ISSN 1610-0506

Lohnsteuer-Mitteilungen
Auch als Online-Version erhältlich

erscheint mit 12 Ausgaben
19. Jahrgang 2004
Jahresabonnement € 37,- zzgl. Versandkosten
ISSN 0931-5802

Fax-Rückantwort 0 22 34 / 9 66 10 - 9

für besserWissen!

Ich/Wir möchten ein kostenloses Probeheft:

- ❏ LOHN + GEHALT
- ❏ CoPers
- ❏ HR SERVICES
- ❏ Personal.Manager
- ❏ Lohnsteuer-Mitteilungen

Firma
Name, Vorname
Abteilung   @
Email*
Straße/Nr.
PLZ/Ort
Datum/Unterschrift

Wir verarbeiten Ihre o. a. Daten zur Abwicklung Ihrer Bestellung durch uns oder Logistik-Dienstleister sowie zu Ihrer Information über unsere aktuellen Angebote. Darüber hinaus ermöglichen wir verbundenen Unternehmen, Ihnen für Sie interessante Informationen zukommen zu lassen.
*Die Angabe der E-Mail-Adresse ist freiwillig. Sie können Ihre Nutzung jederzeit untersagen, ohne dass hierfür andere als die Übermittlungskosten nach den jeweiligen Basistarifen entstehen.

Order: 0 22 34 / 9 66 10 - 0 · Fax 0 22 34 / 9 66 10 - 9 · www.datakontext.com · bestellung@datakontext.com

HR-Management

Werner Fröhlich (Hrsg.)
Nachhaltiges Personalmarketing
Strategische Ansätze und Erfolgskonzepte aus der Praxis

1. Auflage 2004
344 Seiten – Paperback – € 49,–
ISBN 3-89577-257-7

Visionen - Strategisches Personalmarketing
Externes Personalmarketing - Recruiting
Internes Personalmarketing - Retension
Einsatz neuer Medien in der Personalarbeit
Strategische Ansätze und Erfolgskonzepte aus der Praxis

Schaupp/Graff
Business Etikette in Deutschland
So treten Sie professionell auf Deutsch/Englisch

1. Auflage 2003
216 Seiten – Paperback – € 29,-
ISBN 3-89577-292-5

ie zweisprachigen Tipps
utsch/englisch) sprechen
5 Kapiteln alle wichtigen Themen zum erfolgrei-
n Verhalten im Geschäftsleben in Deutschland

Fuchs-Briefe

erhaltens-Basics –	Begrüßung, Kleidung, Geschäftsessen u. a.
ewerbungspraxis –	Bewerbungsmappe, Gespräch, Arbeitszeugnis u. a.
arrierepraxis –	Chefgespräch, Konfliktgespräche, Ungeschriebene Regeln u. a.
ehrsprachig –	In Deutsch und Englisch

Gerhard Hänggi
Macht der Kompetenz
Human Capital Value
Ausschöpfung der Leistungspotentiale durch zukunftsgerichtete Kompetenzentwicklung

3. aktualisierte Auflage 2001
236 Seiten – broschiert – € 30,-
ISBN 3-89577-202-X

"Das Buch zeigt, wie sich Kräfte bündeln lassen, wie unternehmerische Ideen durch kompetente Umsetzung zum Erfolg führen und wie sich Fachkompetenz, Methodenkompetenz und Sozialkompetenz organisieren lassen."

Bücher + Medien

"Ein Buch, das uns herausfordert."

controller magazin

Klaus Jürgen Heimbrock
Dynamisches Unternehmen Band I –
Management

2. überarb. und erweiterte Auflage 2003
368 Seiten – Hardcover – € 29,-
ISBN 3-89577-269-0

"Insgesamt ist es ein gelungenes Lehrbuch, das durch seine klare und fokussierte Ausdrucksweise auch dem Praktiker einen guten Überblick über die verschiedenen Aspekte moderner Unternehmensführung und -organisation liefert."

Der ARBEITGEBER

Klaus Eckardt
Geschäftsprozesse
gestalten und handhaben

1. Auflage 2001
192 Seiten – Paperback – € 35,-
ISBN 3-89577-229-1

Mit Vorgabe für prozessorientierte Aufarbeitung der HR-Prozesse im Unternehmen.

"Durch zahlreiche Umsetzungsbeispiele sowie Ausführungen zum Projektmanagement und zu den Wirkungsmechanismen der Maßnahmen gibt dieses Buch einen umfassenden Überblick über die Thematik. Es ist als Arbeitshilfe für die Analyse, Gestaltung und Realisierung von Geschäftsprozessen empfehlenswert."

Sicherheits-Berater

Order: 0 22 34 / 9 66 10 - 0 · Fax 0 22 34 / 9 66 10 - 9 · www.datakontext.com · bestellung@datakontext.com